Lee Faber
Was Oma noch wusste

PIPER

Zu diesem Buch

Dass unsere Großmütter für viel mehr da sind, als regelmäßig ihre Enkelkinder zu beschenken und als unkomplizierte Babysitter einzuspringen, ahnen wir schon lange. Denn: Wie lautete noch mal das Rezept des leckeren Apfelkuchens, den Oma immer backt? Was war ihr Wundermittel gegen hartnäckige Flecken? Und hatte sie nicht einen ganz besonderen Trick dafür, wie man die Küche nach dem Braten von Fisch von ihrem unangenehmen Geruch befreit? Das Wissen unserer Großmütter ist eine wahre Fundgrube – nicht nur, was den Haushalt, das Kochen und Backen, bewährte Heilmittel und -pflanzen betrifft, sondern auch, wenn es darum geht, an seine Familie und seine Mitmenschen zu denken. Eine unentbehrliche und höchst charmante Hilfe bei allen Fragen rund um Familie, Haushalt und Gesundheit.

Lee Faber, geboren in New York, ist fünffache Großmutter sowie Autorin mehrerer Kochbücher und arbeitete viele Jahre im Verlagswesen. Nun hat sie ihre besten und bewährtesten Haushalts- und Alltagstipps in einem Buch versammelt. Lee Faber lebt in England.

Lee Faber

WAS OMA NOCH WUSSTE

Von Fleckenteufeln, Fliederblüten und anderen Wundermitteln

Aus dem Englischen von Sabine Hübner

Piper München Zürich

Mehr über unsere Autoren und Bücher:
www.piper.de

FSC
www.fsc.org
MIX
Papier aus verantwortungsvollen Quellen
FSC® C083411

Ungekürzte Taschenbuchausgabe
September 2013

Titel der englischen Originalausgabe:
»Grandmother's Wisdom. Good, old fashioned advice handed down through the ages«, Michael O'Mara Books Limited, London 2009

Umschlaggestaltung: bürosüd°, München
Umschlagabbildung: bürosüd°, München
Satz: Kösel, Krugzell
Gesetzt aus der Granjon
Papier: Munken Print von Arctic Paper Munkedals AB, Schweden
Druck und Bindung: CPI – Clausen & Bosse, Leck
Printed in Germany ISBN 978-3-492-30281-4

Für Kelly, Chris, Austen, Sophie und Jared,
meine Enkelkinder,
ohne die dieses Buch nie entstanden wäre.

Inhalt

Einleitung

Was täten wir ohne unsere Großmütter?

Wir heutigen Großmütter unterscheiden uns meist sehr von den Großmüttern vergangener Jahrhunderte. Wir stemmen Job, Haushalt, Familie und Enkel, und irgendwie finden wir sogar noch Zeit, uns mit Freunden zu treffen, uns zu amüsieren und uns ein bisschen verwöhnen zu lassen.

Meist wirken wir auch ganz anders – jünger und fitter. Außerdem geht uns vieles leichter von der Hand, weil wir über neue, arbeitssparende Geräte verfügen. Trotzdem kehren wir traditionellen, altmodischen Methoden und Zutaten nicht den Rücken. Warum? Weil sie sich einfach bewährt haben.

Vor langer Zeit, als kleine Kinder, hingen wir an Omas Schürzenzipfel, hockten ständig in ihrer Nähe, auf Treppenstufen oder dem Küchentisch, oder folgten ihr wie kleine Schatten, wenn sie sich an die Arbeit machte. So haben wir alles in uns aufgenommen und von ihr gelernt. Als wir dann irgendwann selber älter wurden, begannen die Kleinen *uns* zuzusehen. So setzt sich der Kreislauf fort: Die Überlieferung geht nicht verloren.

Oma weiß immer Rat

Von einer amerikanischen Freundin erhielt ich folgende E-Mail, die genauer auf den Punkt bringt, worum es mir geht:

Als ich neulich mit meiner vierjährigen Enkelin spazieren ging, hob sie etwas vom Boden auf und wollte es sich in den Mund stecken. Ich nahm ihr den Gegenstand weg und erklärte ihr, dass sie das nicht dürfe.

»Warum?«, wollte sie wissen.

»Weil es auf dem Boden lag. Es ist schmutzig und wahrscheinlich voller Bakterien«, erwiderte ich.

Meine Enkelin sah bewundernd zu mir auf und fragte: »Woher weißt du das alles? Du bist so klug!«

Ich überlegte rasch.

»Alle Großmütter wissen so etwas. Das gehört zum Oma-Test. Man muss das wissen, sonst darf man keine Oma sein.«

Ein paar Minuten gingen wir schweigend nebeneinander her, und ich merkte, dass meine Enkelin intensiv über meine Worte nachdachte.

»Ah … jetzt weiß ich's«, rief sie strahlend. »Wenn man den Test nicht besteht, muss man Opa werden!«

»Ganz genau!«, erwiderte ich schmunzelnd.

In diesem Buch habe ich versucht, all die zeitlos gültigen Ratschläge zu versammeln, die von Großmüttern im Laufe der Generationen weitergegeben wurden – gewürzt mit einer Prise meiner ganz persönlichen Erfahrungen. Hoffentlich werden Sie sie so nützlich finden, dass Sie die Tradition fortsetzen und diese Weisheiten weiterverbreiten.

Haushaltstipps

Die Küche

Unsere Großmütter wussten sehr genau, wie man Küchen sauber hält, aber sie waren längst nicht derart hygienebesessen, wie wir es heute sind.

Dass man den Teil der Küche, in dem man das Essen zubereitet, so sauber wie möglich hält, versteht sich von selbst – aber dafür muss unter dem Ausguss keine Batterie von chemischen Reinigungsmitteln stehen. Mit sechs altmodischen Zutaten kriegt man fast alles makellos sauber: Essig, Salz, Sodawasser, Zitrone, Weinstein und Natron. All das haben unsere Großmütter benutzt.

Unsere Großmütter hatten damals auch noch keine Schneidebretter mit Farbkodierung, durch die man leichter auseinanderhalten kann, welches Brett man wofür benutzt. Die habe selbst ich nicht. Ich besitze ein fünfundzwanzig Jahre altes Holzbrett, das ich gewissenhaft sauber halte – und zwar mit einem Tafelmesser, Stahlwolle und Natron. Manchmal ist ein Tomaten- oder Beerenfleck auf dem Brett, dann mogle ich ein bisschen, indem ich mit einer aufgeschnittenen Zitrone über den Fleck reibe.

Töpfe und Pfannen

Angebrannte Töpfe zu schrubben kann zu einem wahren Albtraum werden. Solange die Pfanne keine Antihaftbeschichtung hat, erzielen Sie jedoch mit Scheuerpulver und alternativen Methoden ein hervorragendes Ergebnis. Da hier nur natürliche Inhaltsstoffe zum Einsatz kommen, brauchen Sie keine Angst vor Chemierückständen zu haben.

Scheuerpulver selber machen

Sie können selber einen sanften Reiniger herstellen – ohne künstliche Inhaltsstoffe oder schädliche Chemie –, der sich für Porzellanbecken ebenso eignet wie für empfindliche Arbeitsflächen. Einfach eine Tasse Salz und eine Tasse Natron mischen und gut verrühren. In ein verschließbares Gefäß füllen und bei den anderen Reinigungsmitteln aufbewahren. Bei Bedarf etwas von dem Pulver auf einen nassen Lappen geben und wie gewohnt scheuern. Ihre Töpfe und Pfannen werden in neuem Glanz erstrahlen! Hier folgen ein paar alternative Methoden, die meist das äußerst vielseitig verwendbare Natron enthalten.

* Vor dem Abwasch die eingebrannten Stellen mit Salz bestreuen, zehn Minuten einwirken lassen und gut schrubben.

* Rücken Sie den angebrannten Speisen durch Kochen zu Leibe. Den Boden der Pfanne oder des anderen Kochgeschirrs mit Wasser füllen, 30 ml (zwei Esslöffel voll) Natron hinzufügen und auf die Herdplatte stellen. Bringen Sie das Wasser bei mittlerer Hitze zum Köcheln und schaben Sie die Essensreste mit einem Pfannenwender vom Boden ab. Abschalten und Pfanne auf dem Herd belassen, bis das Wasser abgekühlt ist. Nun lassen sich die angebrannten Essensreste kinderleicht entfernen.
* Weichen Sie die Pfanne vor dem Spülen zehn Minuten lang in einer Natronlösung ein. Wahlweise können Sie die Pfanne auch mit trockenem Natron und einem feuchten Scheuerschwamm schrubben.
* Für massive Verkrustungen eine dicke Schicht Natron auf den Pfannenboden streuen, mit Wasser benetzen. Über Nacht einweichen lassen, dann sauber schrubben..
* Für antihaftbeschichtete Pfannen eine Mischung aus Natron und Wasser anrühren. Auf ein Tuch geben und die Pfanne sanft reinigen. Mit dieser Methode entfernen Sie Fett, ohne die Pfannenbeschichtung zu beschädigen. Auch hartnäckige Kochgerüche werden so beseitigt.
* Der Natron-Trick funktioniert auch bei Brätern und Mikrowellen-Drehtellern. Bräter oder Drehteller mit Natron bestreuen und einen Moment einwirken lassen, dann zehn Teile Wasser mit einem Teil Essig-Essenz mischen und in den Bräter gießen oder den

Drehteller damit besprengen. Die Mischung wird zischend aufschäumen und den Fettfilm lösen.

* Reinigung von Aluminiumpfannen: Aus Weinstein (einer milden Säure) und kochendem Wasser eine Paste herstellen und auftragen.

Kaffee- und Teeflecken in Tassen

Wenn Sie Flecken aus hellen Tassen oder Bechern entfernen möchten, können Sie auf Bleichmittel verzichten. Eine wesentlich gesündere Alternative ist Salz. Geben Sie einfach Salz auf ein Tuch oder einen Schwamm und scheuern Sie damit die Flecken oder – falls schwerere Geschütze nötig sind – mischen Sie zu gleichen Teilen Salz und destillierten Malzessig.

Den Küchenausguss reinigen

Egal, ob Sie eine Edelstahl-Spüle oder eine Spüle aus Porzellan, Gusseisen oder Acryl besitzen – um sie makellos sauber zu halten, sollten Sie sie nach jedem Gebrauch putzen oder zumindest mit Wasser benetzen und mit einem weichen Tuch nachpolieren.

Selbst wenn man im Ausguss keine Fettreste entsorgt, wird der Abfluss über kurz oder lang verstopfen, weil man ja ständig fettige Teller und Pfannen abwäscht. Und irgendwann entwickelt sich ein widerwärtiger

Geruch. Um den Abfluss frei zu halten, lösen Sie in einem Krug warmen Wassers so viel Salz auf, dass das Wasser trübe wird, und gießen es in den Abfluss. Fünfzehn Minuten einwirken lassen, dann mit klarem Wasser nachspülen.

Die Spüle selbst reinigt man am besten mit einer Prise Natron und einem Spritzer Essig-Essenz. Oder man bestreut sie mit Natron, halbiert eine Zitrone und benutzt die Schnittfläche als Schwamm. Das verleiht der Spüle auch einen angenehmen Duft.

Wenn Ihr Keramikausguss Teeflecken aufweist, hier ein guter Trick: mit Geschirrspülpulver bestreuen, circa dreißig Minuten einwirken lassen, dann mit weichem Pad oder Mikrofasertuch abwischen.

Mineralwasser mit hohem Kohlensäuregehalt ist ein wirksames Reinigungsmittel für Edelstahl-Spülen und Besteck.

Hände waschen nicht vergessen

Diesen Ratschlag hat wohl jedes Kind so oft hören müssen, dass wir als Erwachsene nicht mehr gerne an ihn denken. Wie wichtig es trotzdem ist, ihn vor allem im Haushalt zu beherzigen, musste ich am eigenen Leib erfahren.

An Weihnachten zog ich mir einmal eine Blutvergiftung zu, weil ich trotz einer Schnittwunde am Daumen einen Freilandtruthahn stopfte (der von Bakterien nur so wimmelte). Am ersten Weihnachtstag wanderte der rote Strich dann langsam den Arm hinauf, und ich musste schnell zur Notfallambulanz. Eine Tetanusspritze und eine Armschlinge brachten die Sache in Ordnung, doch eine Freundin, die Köchin ist, riet mir, stets Seife auf der Spüle zu haben und mir die Hände nach dem Hantieren mit rohem Fleisch gründlichst zu waschen. Ein Rat, von dem ich seither profitiert habe.

Chrom putzen

Auf meiner Arbeitsfläche in der Küche steht ein hübscher Chromtoaster. Auch die Armaturen in Küche und Bad sind aus Chrom. Die Armaturen lassen sich leicht mit Seifenwasser reinigen, den Toaster jedoch kann man schlecht in Wasser tauchen. Falls Sie Ihren Toaster mit Seife reinigen wollen, ziehen Sie erst den Stecker, wischen das Gerät dann mit einem in Seifenwasser getränkten, ausgewrungenen Lappen oder Schwamm ab und wischen mit einem seifenfreien Lappen nach. Um Fingerabdrücke zu entfernen und Chromarmaturen auf Hochglanz zu bringen, einfach mit Fensterreiniger besprühen oder mit Silberputzmittel polieren.

Ofenfeste Auflaufformen aus Glas und Porzellan

Um ofenfeste Auflaufformen aus Glas oder Porzellan von Verkrustungen zu befreien, kocht man 20 ml Essig-Essenz mit 450 ml Wasser auf, füllt die Mischung in die Auflaufform und lässt sie über Nacht einwirken. (Bei großen Auflaufformen entsprechend mehr Lösung herstellen.) Anschließend die Auflaufformen in heißem Spülwasser abwaschen.

Den Backofen reinigen

Die Reinigung des Backofens zählt zu den unbeliebtesten Hausarbeiten überhaupt. Hier ein kleiner Trick, der Ihnen später viel Arbeit sparen wird: Bevor Sie nach dem Abendessen das Geschirr abwaschen, mischen Sie eine Lösung aus 180 ml kochendem Wasser und 20 ml Essig-Essenz und wischen Sie damit die Wände und den Boden des Backofens ab, solange er noch warm ist (warm, nicht heiß!). – Glauben Sie mir, Sie werden keine starken chemischen Reinigungsmittel mehr brauchen.

Kühlschrank und Tiefkühltruhe vor Gerüchen schützen

Bei meiner Mutter lag immer eine offene Schachtel Natron im Kühlschrank, weil es Gerüche neutralisiert; auch ich benutze Natron auf die folgende Weise: Streuen Sie Natron auf eine Untertasse und stellen Sie diese für ein paar Tage in den Kühlschrank, bis sich das Natron leicht verfärbt hat. Der üble Kühlschrankgeruch ist verschwunden! Sollte dies jedoch nicht der Fall sein, führen Sie die Prozedur einfach noch einmal durch.

Klebrige Substanzen

Wenn Sie in der Küche mit klebrigen Substanzen arbeiten, gibt es zwei Lösungen – Latexhandschuhe und Pflanzenölspray.

- Wenn Sie Honig, Golden Syrup oder Melasse abmessen, sprühen oder schmieren Sie etwas Pflanzenöl auf den Löffel oder in die Tasse, die sie zum Abmessen benutzen. Die klebrige Substanz wird dann ganz einfach abgleiten.
- Wenn Sie mit klebrigem Teig, Panade, Hackbrätmischungen oder Schokolade arbeiten, stellen Sie zuerst einmal alles Nötige bereit. Dann ziehen Sie am bes-

ten Handschuhe an, und schon können Sie die Zutaten nach Herzenslust kneten, quetschen, mixen. War die Mischung sehr klebrig, anschließend Handschuhe abstreifen und im Müll entsorgen; andernfalls – während Sie die Handschuhe noch tragen – Hände waschen und abtrocknen, dann die Handschuhe abstreifen und bis zum nächsten Gebrauch aufbewahren.

* Wenn Sie Sekundenkleber benutzen, bereiten Sie zuerst die Arbeitsfläche vor. Ich lege meist Backpapier bzw. Pergamentpapier aus. (Bei Zeitungen und Küchenpapier kann es passieren, dass sie an dem zu reparierenden Gegenstand haften bleiben.) Nun die Handschuhe überstreifen und die Klebstofftube öffnen. Die zerbrochenen Teile über dem Backpapier halten und Klebeflächen mit Sekundenkleber bestreichen. Jetzt beide Teile aneinanderpressen und bis hundert zählen. Den reparierten Gegenstand auf das Backpapier legen und vollständig trocknen lassen. Die Teile sollten exakt aufeinanderliegen und nicht am Pergamentpapier festkleben!

Das Bad in zwanzig Minuten putzen

Wenn man im Haus mehr als nur *ein* »Familienbad« hat, kann dies Vor- und Nachteile haben. Einerseits muss man nicht ewig warten, wenn jemand im Bad trödelt – andererseits gibt es viel mehr zu putzen!

Mit etwas Routine können Sie die Nachteile vergessen. Wenn Bäder längere Zeit vernachlässigt wurden, dauert das erste gründliche Putzen vielleicht etwas länger, doch danach wird es zum reinsten Kinderspiel. Einmal pro Woche sollte reichen, wenn das Bad nicht übermäßig oft benutzt wird.

1. Alle Deko-Objekte von Regalen und Fenstersimsen räumen und in den Flur stellen. Gebrauchte Handtücher durch frische ersetzen, falls nötig, auch die Badmatte austauschen.
2. Boden wischen oder saugen.
3. Waschbecken und Oberflächen mit einem Reinigungsspray Ihrer Wahl besprühen und einwirken lassen, während Sie sich den nächsten Aufgaben zuwenden.
4. Spiegel putzen.
5. Badewanne mit Reinigungsspray besprühen und abduschen; falls Sie eine Duschkabine haben, Wände besprühen und abduschen. Wenn Sie die Duschkabine jeden Tag nach dem Duschen mit Reinigungsspray behandeln, lässt sie sich leicht sauber halten. Oder wenn Sie lieber baden: Badewanne nach jedem Bad reinigen, dann gibt es später keine »Ringe« am Wannenrand.
6. Toilettenschüssel einsprühen und Reiniger einwirken lassen.
7. Waschbecken und Oberflächen scheuern, dann abspülen und mit einem sauberen Tuch trocken

wischen. Wenn Sie nun mit diesem Tuch die Armaturen wischen, bringt sie das auf Hochglanz.

8. Toilettenschüssel innen: mit einer Klobürste schrubben. Zum Nachspülen Klospülung betätigen. Außen: Nehmen Sie einfach Ihren gewöhnlichen Badreiniger, mit dem Sie auch Waschbecken und Badewanne reinigen, und wischen Sie die Schüssel damit ab. Denken Sie auch an die Stellen hinter dem Sitz und unten am Sockel.
9. Boden nass aufwischen, falls kein Teppich ausliegt. Wenn Ihr Bad so winzig ist wie meines, können Sie den Boden mit Reinigungsmittel besprühen und dann mit einem Schwamm oder Putzlappen nachwischen. Zehn bis fünfzehn Minuten trocknen lassen.

Das wäre eigentlich alles. Deko-Objekte abstauben oder abwaschen, je nach Bedarf.

Kesselstein

Kesselstein ist ein sehr verbreitetes Problem und kann einem die morgendliche Tasse Tee oder Kaffee verderben, wenn man nicht rasch zu Gegenmaßnahmen greift. Hier einige selbst getestete – und ganz natürliche – Methoden, um Kesselstein loszuwerden.

Wasserhähne und Duschköpfe

Mischbatterien, die sich abschrauben lassen, über Nacht in Essig-Essenz (mit einem Teil Wasser gemischt) einlegen. Bei anderen Wasserhähnen einen Holzzahnstocher in die Löcher stecken. Das sollte die Verstopfung beseitigen. Funktioniert auch bei Duschköpfen.

Wasserkocher und Kessel

Wasserkocher und Kessel müssen regelmäßig entkalkt werden – nicht nur, weil sonst Kalkplättchen in den Tee gelangen, sondern auch, weil das Wasser durch den Kalk langsamer erhitzt wird und die Geräte womöglich schneller kaputtgehen. Sie können dazu Essig-Essenz oder Zitronensaft verwenden.

Falls Sie Essig-Essenz verwenden, mischen Sie einen Teil Essig mit zwei Teilen Wasser. Diese Mischung in den Kessel geben und eine Weile einwirken lassen. Falls nach dem Ausspülen der Essiggeruch nicht gleich verschwindet, können Sie den Saft einer Zitrone mit 300 ml Wasser vermengen. Im Kessel aufkochen, ausgießen und den Kessel ausspülen – das gibt einen köstlichen Duft.

Die Toilette

Hässlichen Verkalkungen unter dem Rand der Toilettenschüssel rücken Sie mit Bimsstein zu Leibe. Einfach mit Bimsstein über die Ränder reiben, dann wie gewohnt abbürsten.

Oder Sie werfen zwei Gebissreiniger-Tabletten in die Toilettenschüssel – dies erreicht auch die Stellen, wo die Klobürste nicht hinkommt.

Essig-Essenz (der Wunderreiniger)

Ein Blick unter den Küchenausguss zeigt Ihnen vermutlich eine ganze Batterie von Flaschen mit Reinigungsmitteln, jedes für einen bestimmten Zweck: Fenster-, Boden-, Backofenreiniger, Raumdeos und so weiter.

All diese Flaschen können Sie getrost entsorgen und durch ein preiswertes Wundermittel ersetzen. Es lässt nicht nur Ihre Küche in makellosem Glanz erstrahlen, sondern leistet Ihnen auch in jedem anderen Raum gute Dienste. Vielleicht haben Sie sogar schon eine Flasche dieses Wundermittels in der Küche stehen, wie Ihre Mutter, Großmutter und Urgroßmutter. Man nennt es Essig-Essenz, und Sie bekommen es in jedem Supermarkt für wenig Geld in der Essig-und-Öl-Abteilung.

Diese konzentrierte Säure bringt in Ihrem Heim fast alles auf Hochglanz, doch sollte sie nur in den seltensten Fällen pur verwendet werden, da sie 25 % Säure besitzt.

* Mit zehn Teilen Wasser vermischt eignet sich Essig-Essenz, um Fenster und Brillen zu reinigen.
* Mit einem Teil Wasser vermengt beseitigt er zuverlässig schlechte Gerüche in Plastikbehältern.
* Legen Sie Ihren Duschkopf zum Entkalken in Essig-Essenz, mit einem Teil Wasser vermischt.
* Tränken Sie ein nasses Tuch leicht mit Essig-Essenz und wischen Sie damit über die Innenwände des Backofens und über die Kochplatte, um Fettrückstände zu lösen.
* Um störende Essensgerüche in der Küche zu beseitigen, Essig-Essenz und Wasser in einem Topf aufkochen.

Und das ist erst der Anfang. Sie werden in diesem Buch noch weitere Tipps rund um den Essig finden.

Motten loswerden

Motten können für den Haushalt eine wahre Plage sein – sie dringen in Lebensmittelschränke ein und fressen Löcher in Ihre Kleidung. Hier ein paar Ratschläge, wie Sie mit diesen Quälgeistern fertig werden:

Motten in der Küche

* Mehl, Getreidekörner und Trockenwaren nach dem Kauf einige Tage in der Tiefkühltruhe aufbewahren.

Dann können Sie die Lebensmittel beruhigt im Vorratsschrank lagern. Nach Anbruch der Packung verbliebene Reste in saubere Marmelade-, Mayonnaisegläser oder luftdichte Plastikbehälter umfüllen.

* Mehl nach Anbruch der Packung in Plastiktüten füllen und im Kühlschrank lagern. So werden Sie mit etwas Glück künftig keine Lebensmittelmotten mehr haben. Seitlich an den Schränken Klebestreifen anbringen, um die Motten zu fangen.

Motten in der Kleidung

* Beim ersten Anzeichen von Mottenbefall sämtliche Kleidungsstücke waschen oder chemisch reinigen lassen. Schränke mit Mottenvertilger besprühen und Mottenkugeln aufhängen.
* Auch Luftentfeuchter tragen dazu bei, Motten fernzuhalten, weil die Luft dann zu trocken für Insekten ist.
* Bügeln der Kleidung sollte sämtliche Larven abtöten, die sich vielleicht noch im Stoff verbergen.
* Falls alles fehlschlägt, werden Sie den Kammerjäger rufen müssen. Nur er kann effizient gegen einen massiven Befall vorgehen.

Fliegen vertreiben

Fliegen sind lästig und Fliegenfängerstreifen in der ganzen Wohnung nicht nur unschön, sondern meist auch nicht wirksam genug. Hier ein paar einfache Hausmittel, mit denen Sie Fliegen im Haus den Garaus machen.

So vertreiben Sie Fliegen

* Fliegen halten sich fern, wenn im Zimmer ein Schälchen mit Essig-Essenz (mit zwei Teilen Wasser vermischt) aufgestellt wird.
* Mein Lieblingsmittel, weil es hübsch aussieht und weitaus angenehmer duftet als Essig: Getrocknete Fliederblüten büschelweise im Zimmer aufhängen oder in Schälchen drapieren. Fliegen meiden den Geruch von Flieder.

So kommen Ihnen Fliegen gar nicht erst in die Wohnung

* Vor die Fenster Sträuße mit frischen Brennnesseln stellen.
* Rhizinuspflanzen in Töpfen am Fenster aufstellen.
* Basilikum in Töpfen auf der Fensterbank (innen oder außen) züchten.
* Fenster mit Essig-Essenz einreiben, Fliegen meiden

den Geruch und machen bereits vor den Fenstern wieder kehrt.

Zerbrochenes Glas vom Boden aufheben

Es ist ja so lästig, wenn man einen Gegenstand aus Glas zerbrochen hat! Egal, wie oft man staubsaugt oder fegt, immer liegen noch irgendwo winzige, mikroskopisch feine Splitter herum. So gehen Sie vor: Handelt es sich um glatte Böden, großzügig Küchenpapier zusammenknüllen, anfeuchten und gesamten Bereich aufwischen. Diesen Vorgang mehrmals wiederholen (jedes Mal mit frischem Papier), bis keine Splitter mehr zu sehen sind. Drücken Sie das Papier nicht zusammen, sonst schneiden Sie sich garantiert in den Finger. Diese Methode funktioniert allerdings nicht bei Teppichen, wie ich kürzlich herausfand, als ich mich tatsächlich in den Finger schnitt. Stattdessen eignen sich hier Kehrichtschaufel und -bürste am besten.

Getragene Nylonstrumpfhosen weiterverwenden

Wenn Ihre Strumpfhosen Löcher und Laufmaschen aufweisen, werfen Sie sie nicht weg. Man kann sie immer noch weiterverwenden. Hier ein paar nützliche Recycling-Tipps:

* Verlorene Gegenstände: Wenn Ihnen ein sehr kleiner Gegenstand herunterfällt (ein Ohrring, eine Nadel, eine Vitamintablette etc.) und Sie können ihn nicht sehen oder ertasten, schneiden Sie von einer Strumpfhose ein Bein ab, das Sie dann über die Düse Ihres Staubsaugers stülpen. So wird der verlorene Gegenstand vom Boden angesaugt und gegen den Stoff gepresst.
* Schuhe: Knüllen Sie eine alte Strumpfhose zusammen und reiben Sie damit Ihre frisch geputzten Schuhe ab. Das verleiht ihnen zusätzlichen Glanz.
* Aufbewahrung von Zwiebeln: Zwiebeln in die Beine einer alten Strumpfhose gleiten lassen und aufhängen, dann halten die Zwiebeln länger. Auch Blumenzwiebeln lassen sich so aufbewahren und sind außerdem vor gefräßigen Tierchen geschützt.
* Umtopfen von Zimmerpflanzen: Aus dem Gewebe der Nylonstrümpfe einen Kreis ausschneiden, der dem Durchmesser des Topfbodens entspricht. Bevor Sie den Topf mit kleinen Steinchen und Blumenerde füllen, Topfboden mit diesem Nylonkreis bedecken. Wenn Sie nun die Pflanze gießen, kann keine Erde mehr durch das Loch rieseln.
* Kissen stopfen: Schneiden Sie die Strumpfhosen in Streifen und stopfen Sie damit Kissen, Kopfkissen und Kuscheltiere.

Zahnbürsten (putzen nicht nur Zähne)

Alte Zahnbürsten eignen sich phantastisch zum Reinigen winziger Ritzen, die man sonst nie erreicht. Manche Flächen schrubbt man besser mit einer trockenen Zahnbürste, während man für andere Flächen die Bürste vorher in Essig oder Bleichmittel tunkt. Dies sind nur einige Vorschläge. Sie werden selbst noch viele weitere Einsatzmöglichkeiten entdecken.

Im Bad

* Benutzen Sie eine alte Zahnbürste, um die Gleitschienen der Duschkabinentür zu reinigen.
* Schrubben Sie mit einer essiggetränkten Zahnbürste die Unterseite von Wasserhähnen und den Bereich, wo der Wasserhahn ins Becken mündet.
* Duschköpfe in Essig-Essenz legen (mit einem Teil Wasser vermischt), mit einer alten Zahnbürste sauber schrubben.
* Auch die Verfugungen zwischen den Fliesen kann man mit Essig einsprühen und nach ein paar Minuten mit der Zahnbürste säubern.

In der Küche

* Backofen- und Schranktürgriffe befreit man mithilfe einer Zahnbürste von klebrigen Rückständen.

* Falls Sie einen manuellen Dosenöffner benutzen, lassen sich die Rädchen prima mit der Zahnbürste reinigen.
* Auch der Kunststoffversiegelung rund um die Spüle, wo sich oft Kaffeepulver und andere Überreste ansammeln, tut es gut, wenn sie gelegentlich gebürstet wird.
* Bürsten Sie den Bereich, wo Herd und Arbeitsfläche aneinandergrenzen.

Im übrigen Haus

* Etwas Zahnpasta auf die angefeuchtete Zahnbürste geben und über Kreidespuren bürsten. Mit feuchtem Tuch oder Schwamm abwischen.
* Die Abdeckplatten elektrischer Schalter sauberbürsten.

Spannbettlaken falten

Laken falten ist eine knifflige Angelegenheit, und jeder hat da seine eigene Methode. Hier eine Anleitung, um Spannbettlaken möglichst exakt zu falten:

Methode 1

1. Spannbettlaken aus dem Trockner oder von der Leine nehmen und ausschütteln. Unbedingt quer

halten, sodass die langen Seiten des Lakens parallel zu Ihrem Körper liegen.

2. Eine der langen Seiten festhalten und auf einen flachen Untergrund legen, z. B. ein Bett.
3. Die andere lange Seite aufheben, die Hand in eine der Ecken stecken und diese Ecke in die entsprechende Ecke der anderen Seite stopfen, so wie man die Hand in einen Handschuh steckt.
4. Die Hand drin lassen und das Gleiche mit der anderen Ecke wiederholen. Jetzt steckt die linke Hand in den linken Ecken, die rechte Hand in den rechten Ecken. Heben Sie nun das Leintuch hoch.
5. Führen Sie die linken Ecken nach rechts und stopfen Sie sie in die rechten Ecken. Jetzt halten Sie alle vier Ecken in der rechten Hand. Raffen Sie mit der linken Hand die Ränder zusammen und legen Sie das Laken wieder aufs Bett. Ausbreiten und glatt streichen.
6. Nun sollte das Ende mit den Gummizügen rechts von Ihnen liegen und die flache Seite links von Ihnen. Falten Sie das Laken nun in der Mitte zusammen, sodass Sie links oben eine glatte Kante haben.
7. Linke Hand in die rechte obere Ecke stecken. Während Sie das Laken straff halten, ziehen Sie oben und unten an der Seite mit den Gummizügen, bis das gefaltete Laken möglichst exakt aussieht.
8. Nehmen Sie die linke Seite des Lakens und ziehen Sie sie auf die Seite mit den Gummizügen herunter.

Dann glatt streichen. Jetzt haben Sie ein ordentliches, glattes Rechteck.

Schieben Sie nun die Hände unter das Laken und falten Sie das Laken in der Mitte. Falls aus Platzgründen nötig, falten Sie es noch einmal. Jetzt passt es in Ihren Bettwäscheschrank und sieht absolut nicht wie ein Spannbettlaken aus.

Methode 2

Für alle, denen derart exakt gefaltete Laken kein Herzensanliegen sind, hier eine unkompliziertere Alternative. Sie lässt sich am besten zu zweit durchführen, aber auch ohne Weiteres allein:

1. Laken der Länge nach glatt streichen.
2. Laken der Länge nach einmal zusammenfalten, sodass das Laken zwar noch gleich lang, aber nur noch halb so breit ist.
3. Nun das Laken straff zu einer »Roulade« zusammenrollen
   a) Wenn man zu zweit ist, hält man das Laken gespannt, und während der eine beginnt, das Laken zusammenzurollen, hält der andere das gefaltete Laken am anderen Ende fest. Auf diese Weise kann man es besonders klein und straff zusammenrollen. Diese Art des Lakenrollens macht besonders Kindern großen Spaß!

b) Wenn Sie allein sind, legen Sie das Laken auf Tisch oder Bett, falten es, wie unter Punkt 2 beschrieben, der Länge nach und rollen es, wie unter Punkt 3 beschrieben, zusammen.

4. Zum Schluss die »Roulade« mit einem großen Gummiband fixieren, damit das Laken zusammengerollt bleibt. So können Sie die Laken platzsparend im Schrank nebeneinanderlegen und aufeinanderstapeln.

Hemden bügeln

Am besten bügelt man Kleidung, solange sie noch etwas feucht ist. Auf jeden Fall macht Bügeln viele Sünden wett, vor allem wenn man ein Bügeleisen mit Dampfstoß und Sprinklerfunktion besitzt. Wie man richtig bügelt, haben meine Mutter und ich erstaunlicherweise von meinem Vater gelernt. Ich bügle Hemden immer noch genau so, wie er es mir damals gezeigt hat.

Das Bügelbrett muss stabil und das Bügeleisen makellos sauber sein. Wenn Sie ein neues Hemd zum ersten Mal bügeln, erst innen an einer kleinen unsichtbaren Stelle ausprobieren, ob die Bügeltemperatur stimmt.

1. Mit dem Kragen beginnen. Kragen flach aufs Bügelbrett legen. Erst die Innenseite bügeln, dann umdrehen und Außenseite bügeln.

2. Die Innenseite des einen Ärmelaufschlags bügeln, dann die Außenseite. Den Ärmel so auf dem Brett ausbreiten, dass der Saum gerade liegt, dann eine Seite bügeln. Den Ärmel umdrehen und die andere Seite bügeln. Falls der Ärmel gefältelt ist, Fältelung sorgfältig mit der Spitze des Bügeleisens bügeln. Vorgang beim anderen Ärmel wiederholen.
3. Hemd entlang des Bügelbretts auslegen, erst Schulterblende, dann Hemdrücken bügeln.
4. Am Schluss wird die Vorderseite gebügelt, und zwar in folgender Reihenfolge: Erst die Taschen bügeln, falls es welche hat, dann die Knopfleiste (und Knopflochleiste) und zuletzt die Vorderseite des Hemds.

Diamanten reinigen

»Diamonds are a girl's best friend« – das mag sein, aber nur gereinigte Diamanten glitzern und funkeln. So halten Sie Ihren Diamantschmuck, auch wenn er noch so bescheiden ist, in Topform.

Legen Sie dazu Ihr Schmuckstück 30 Minuten in einen Behälter mit lauwarmem Wasser und mildem Reinigungsmittel (diesmal keine Essig-Essenz!). Reinigen Sie es anschließend sanft mit einer Zahnbürste – besonders um die Fassung. Spülen Sie den Diamanten mit lauwarmem Wasser ab und trocknen Sie ihn sorgfältig mit einem weichen Tuch.

Perlen pflegen

Perlen – auch Zuchtperlen, die mit einer dicken Perlmuttschicht umhüllt sind – sind sehr fragil und erfordern liebevolle Pflege. (Bitte beachten Sie, dass all diese Tipps für Naturperlen und Zuchtperlen gelten. Falsche Perlen zählen nicht.)

* Wenn Sie Perlen besitzen, tragen Sie sie möglichst oft. Manche sagen täglich, aber vermutlich haben Sie ja auch noch anderen Schmuck, den Sie gerne anlegen möchten.
* Tragen Sie Perlen immer direkt auf der Haut.
* Perlen sollten das Letzte sein, das Sie morgens anlegen, und das Erste, das Sie abends abnehmen. Legen Sie Ihre Perlen erst dann an, wenn Sie Make-up, Parfüm und Lotions aufgetragen haben und alles in die Haut eingezogen ist. Sonst lagern sich diese Produkte im Lauf der Zeit auf Ihrem Schmuck ab.
* Bevor Sie Perlen verstauen, reiben Sie sie mit einem weichen, fusselfreien Tuch ab.
* Bewahren Sie Ihre Perlen in einem kleinen Beutel oder einer Hülle auf; so werden sie nicht beschädigt, wenn sie mit anderen Schmuckstücken in Berührung kommen.

Hausmittel

Stiche behandeln

Bienenstiche

Die flaumigen, goldbraunen Honigbienen sind sehr nette, nützliche Wesen, aber ein Bienenstich ist alles andere als angenehm. Der mit einem Widerhaken versehene Stachel sitzt in der Haut fest, pumpt Gift ins Gewebe und treibt den Stachel und das Gift immer tiefer ins Fleisch. Auch für die Biene ist das schlecht, denn für sie bedeutet die Attacke den Tod.

Der Trick besteht darin, den Stachel so rasch wie möglich zu entfernen. Den Fingernagel, eine Nagelfeile oder notfalls den Rand einer Kreditkarte vorsichtig unter den Stachel schieben und ihn damit herausschnipsen. Versuchen Sie bitte nicht, den Stachel mit einer Pinzette herauszuziehen, wie man es mit einem Holzsplitter macht. So quetschen Sie den Stachel nur, und es dringt eventuell noch mehr Gift in die Haut ein. Nach Entfernen des Stachels die Einstichstelle möglichst bald mit Wasser und Seife oder einem Antiseptikum reinigen.

Hummel- und Wespenstiche

Im Gegensatz zu ihren Verwandten, den Honigbienen, haben Hummeln glatte Stachel, wie die Wespen. Sie können wieder und wieder angreifen. Wenn Sie also gestochen wurden und das Tier immer noch um Sie herumschwirrt – versuchen Sie nicht, es zu töten oder wild um sich schlagen, LAUFEN SIE WEG!

Auch wenn der Stachel keinen Widerhaken besitzt, ist der Stich doch schmerzhaft! Deshalb sollten Sie so rasch wie möglich den Schmerz dämpfen. Dazu gibt es mehrere Methoden:

* Eis: Eine Eispackung oder sogar ein einzelner Eiswürfel können die Schwellung reduzieren und das Gift an der Ausbreitung hindern.
* Hitze: Auch dies funktioniert. Wenn Sie einen Haarfön besitzen, einfach auf die Einstichstelle richten – aber bitte Vorsicht, verbrennen Sie sich nicht!
* Aspirin: Stich befeuchten, dann eine Aspirintablette einreiben. Natürlich nur, wenn Sie nicht empfindlich oder allergisch auf Aspirin reagieren.
* Natron: Eine Paste mit Wasser anrühren und auf die betroffenen Stellen auftragen.
* Lehm: Wenn nichts anderes verfügbar ist, kann auch ein Lehmbrei (einfach mit kaltem Wasser mischen) einen Stich kühlen. Paste auftragen und mit Verband, Taschentuch oder Frischhaltefolie bedecken, bis der Lehm getrocknet ist.

Mückenstiche

Um Mückenstiche zu verhindern, muss man sich nicht unbedingt mit Insektenschutzcreme einschmieren. Es genügt, Nahrungsmittel mit hohem Vitamin-B-Gehalt zu essen – zum Beispiel Vollkorngetreide, Haferflocken, Naturreis, Nüsse, Milchprodukte und dunkles Fleisch. Sie können sich auch einfach ein Vitamin-B-Präparat kaufen – Sie bekommen es in der Drogerie oder in der Apotheke.

Brennnesselstiche

Wenn Sie sich an Brennnesseln verbrannt haben, sollten Sie sofort ein sauberes Tuch in kaltem Wasser tränken und Schmutzreste von der betroffenen Stelle reiben. Nicht zu fest reiben, um die Haut nicht noch mehr zu reizen.

Wenn Sie wissen, wie er aussieht, suchen Sie nach Wiesen-Sauerampfer, der meist in der Nähe von Brennnesseln wächst. Er hat große Blätter und einen dicken Stiel. Folgendermaßen gehen Sie vor: eins der Blätter samt Blattstiel abzwicken, das Ende des Blattstiels quetschen, damit es weich wird, dann auf dem Brennnesselstich verreiben.

Wenn Sie von Pflanzen allerdings so wenig Ahnung haben wie ich, probieren Sie es stattdessen mit folgenden Methoden:

* Irgendeine alkalische Substanz auf die betroffene Stelle auftragen, zum Beispiel Natron, Gurkenscheiben, Petersilie, Sellerie oder Kopfsalat.
* Auf die schmerzende Stelle spucken, ohne sie mit dem Mund zu berühren. Dies mildert den Schmerz immerhin vorübergehend. Verteilen Sie die Spucke mit einem sauberen Taschentuch über den Stich.

Quallen-Verbrennungen

Verbrennungen durch Quallen rühren von den langen Tentakeln der glockenförmigen Tiere her. Von einer Qualle oder einer Portugiesischen Galeere berührt zu werden, ist sehr unangenehm. Als sich eine meiner Töchter in Florida im Meer eine Quallen-Verbrennung zuzog, gab mir ein scharfsinniger Nachbar Fleischzartmacher-Pulver, um es auf die entzündete Stelle zu reiben. Dieses Pulver enthält offenbar ein Enzym namens Papain (aus der Papaya gewonnen), das das Protein des Quallengifts deaktiviert.

Da manche Verbrennungen durch Quallen sogar tödlich sein können (die der indopazifischen und australischen Quallen sind die schlimmsten), empfiehlt es sich, so schnell wie möglich medizinische Hilfe zu suchen. Wenn dies nicht geht, verätzte Stelle mit Salzwasser abspülen. Keinesfalls Süßwasser verwenden, weil das noch mehr Toxine freisetzen würde. Eventuell haftengebliebene Tentakel mit einer Pinzette oder mit Schutzhandschuhen entfernen.

Obwohl es banal klingen mag, ist die beste Methode gegen Quallen-Verbrennungen immer noch die, sich gar nicht erst der Gefahr auszusetzen: Schwimmen Sie nicht in quallenverseuchten Gewässern.

Verbrennungsschmerz lindern

Kleine, aber schmerzhafte Verbrennungen kann man auf zweierlei Weise lindern: Eine Vitamin-E-Kapsel aufschneiden und den Inhalt auf die verbrannte Stelle geben oder ein reifes Aloe-Vera-Blatt abbrechen und den Blattsaft herausquetschen. Dies gilt nur für harmlose Verbrennungen ersten oder zweiten Grades. Wenn die Haut jedoch Blasen wirft und der betroffene Bereich größer als ein Ein-Euro-Stück ist oder die Verbrennung so schwer, dass man keinen Schmerz mehr empfindet (weil die Nervenenden geschädigt wurden), dann ist dringend medizinische Hilfe nötig.

Kopfläuse loswerden

Ein Lausbefall ist keine Katastrophe (obwohl man natürlich erschrickt, wenn man im Haar seines Kindes Läuse oder Nissen entdeckt). Ganz im Gegensatz zur landläufigen Meinung ziehen Läuse reinliche Menschen vor: Sie nisten lieber auf einem menschlichen Wirt mit sauberem Haar als auf einem schmuddeligen Kind mit schmutzigem Haar. Ob Schule oder Kindergarten, Geburtstagspartys oder sonstige Orte, wo Kinder zusammentreffen – von überall her kann Ihr Kind diese unwillkommenen Gäste mit nach Hause bringen.

Da die meisten der erhältlichen Medikamente stark die Kopfhaut angreifen, bevorzugen Sie vielleicht ein natürlicheres Mittel wie Mayonnaise oder Olivenöl. Hier einige Tipps:

Sie brauchen ein Glas Mayonnaise – aber nicht aus dem Kühlschrank, das wäre viel zu kalt. Mayonnaise auf dem Haar des Kindes verstreichen, dann Plastik-Duschhaube oder Plastiktüte überstreifen, damit es nicht tropft. Diese Packung lassen Sie zwei Stunden lang einwirken, dann werfen Sie die Plastikhaube weg, waschen sich und Ihrem Kind die Hände und schäumen sein Haar gründlich mit Shampoo ein. Vorgang so oft wiederholen, bis alle Fettrückstände aufgelöst sind.

Nach der Haarwäsche benetzen Sie Haare und Haaransatz mit einer Mischung aus Wasser und Essig-Essenz (vier Teile Essig und ein Teil Wasser). Dies löst restliche Nissen, die vielleicht noch an den Haarschäften festsitzen. Das Wasser soll heiß sein, aber so temperiert, dass es dem Kind angenehm ist. Kämmen Sie nun das Haar mit einem breitzinkigen Kamm durch, dann erneut mit einem Nissenkamm, der sehr eng stehende Zähne hat. Wenn Sie Nissen entdecken, klauben Sie sie vom Kamm und werfen sie in eine Schüssel mit Essig-Essenz (mit einem Teil Wasser vermischt) oder Seifenwasser.

Falls Sie immer noch zahlreiche Nissen im Haar entdecken, mischen Sie Wasser und Essig zu gleichen Teilen und tränken ein sauberes Handtuch damit. Wickeln Sie Ihrem Kind das Tuch um den Kopf und lassen Sie es nochmals eine Stunde einwirken. Dann erneut schamponieren und auswaschen.

Nach dieser Prozedur müssen sämtliche Kleidungsstücke, Handtücher und Laken, mit denen Ihr Kind in der vergangenen Woche in Kontakt gekommen ist, heiß gewaschen werden. Falls Sie einen Wäschetrockner haben, schalten Sie ihn auf die heißeste Stufe. Haarbürsten, Kämme, Haarschmuck, Zopfgummis und Ähnliches sollten entweder weggeworfen oder eine Zeit lang in heißen Essig gelegt werden, Möbel und Teppiche müssen gründlich abgesaugt werden.

Nun müssen Sie das Haar Ihres Kindes (und das aller anderen Familienmitglieder) täglich kontrollieren, bis alle Läuse und Nissen verschwunden sind. Älteren Kindern einschärfen, dass sie niemals fremde Kämme oder Haarbürsten benutzen dürfen.

Mit Flöhen fertig werden

Falls Sie Haustiere haben, haben Sie auch Flöhe in der Wohnung. Wenn Sie ganz auf Chemie verzichten wollen, können Sie sich mit Eukalyptusöl, Pfefferminzshampoo oder natürlichem Kräuterpuder schützen. Und wenn Ihr Tier bereit ist, Knoblauch- und Bierhefetabletten zu schlucken, schafft auch dies Abhilfe – Flöhe hassen diese Gerüche. Falls die Flöhe nicht zu vertreiben sind, holen Sie sich bei Ihrem Tierarzt ein stärkeres Mittel.

Pflanzen, Kräuter und Gewürze mit Heilkraft

Die Bedeutung von Pflanzen, Kräutern und Gewürzen beschränkt sich keineswegs nur aufs Kochen. Leidenschaftliche Gärtner haben seit Urzeiten kleinere Wehwehchen mit Kräutern behandelt. Für ernste Erkrankungen sollte natürlich immer ärztlicher Rat eingeholt werden, doch bei milderen Beschwerden helfen diese Naturheilmittel phantastisch. Wenn Sie bereits Medikamente einnehmen, die Ihnen Ihr Arzt verschrieben hat, sollten Sie Ihren Apotheker konsultieren, bevor Sie zu Naturheilmitteln greifen. Hier einige der bekanntesten Pflanzen:

Aloe Vera gedeiht prächtig auf Ihrem Fensterbrett, und das Gel in den reifen Blättern hilft bei leichten Verbrennungen jeder Art.

Kamille wird meist als Tee verwendet und besitzt eine lindernde Wirkung bei Beschwerden des Verdauungstrakts oder bei gereizter Haut.

Echinacea stärkt das Immunsystem und wehrt Erkältungen ab. Sollten Sie bereits erkrankt sein, kann Echinacea die Schwere und Dauer der Erkältung positiv beeinflussen.

Knoblauch hält nicht nur Vampire fern, sondern lindert außerdem auch hervorragend alle Erkältungssymptome inklusive Husten – wenn er sie nicht sogar verhindert.

Ingwer fördert die Blutzirkulation. Meiner Erfahrung nach hilft es auch bei Übelkeit, deshalb habe ich stets kandierten Ingwer im Haus.

Lavendelöl weist ein breites Spektrum von Heilwirkungen auf. Da Lavendelöl als Antiseptikum gilt, stellt es, in warmem Wasser gelöst, ein vorzügliches Reinigungsmittel dar. Es ist auch eines der wenigen ätherischen Öle, die man unverdünnt auf die Haut auftragen kann, und es spielt eine wichtige Rolle in der Aromatherapie. Bei Ängstlichkeit und Nervosität einfach ein Lavendelbüschel pflücken, in der Hand zerbröseln und den Duft einatmen – das beruhigt.

Johanniskraut ist ein natürliches Mittel gegen leichte Depressionen und den »Blues«. Da dieses Kraut aber durchaus Nebenwirkungen besitzt, sollten Sie erst ärztlichen Rat einholen.

Teebaumöl ist sehr vielseitig und wird aufgrund seiner antiseptischen und fungiziden Eigenschaften für viele Zwecke eingesetzt.

Baldrian: Schlaflosigkeit ist oft durch Angst und Sorgen bedingt, und Baldrian schafft die Voraussetzung für einen ruhigen, erholsamen Schlaf.

Petersilie: Der Petersilienstängel, der häufig Ihren Teller ziert, ist mehr als nur eine hübsche Dekoration – er ist auch sehr gesund. Petersilie kann für frischen Atem sorgen. Meine Mutter, die gerne Petersilie kaute, hat immer behauptet, es stärke die Nerven. Ich hatte diese Behauptung immer für ein »Altweibermärchen« gehalten, aber es gibt sogar wissenschaftliche Beweise dafür. Offenbar wirken die Inhaltsstoffe der Petersilie sehr vorteilhaft auf Sehnerven, Gehirn und das sympathische Nervensystem.

Zahnschmerzen

Es versteht sich von selbst, dass man sich bei Zahnschmerzen unverzüglich einen Termin beim Zahnarzt geben lassen sollte. Da dies an Sonn- und Feiertagen vielleicht nicht möglich ist, sollte man für Notfälle immer ein Fläschchen Nelkenöl im Medizinschrank haben. Man bekommt es rezeptfrei in der Apotheke.

Nelkenöl enthält große Mengen des Anästhetikums

und Antiseptikums Eugenol. Zahnärzte verwenden es als schmerzstillendes Mittel, und man kann es problemlos vorübergehend gegen pochenden Zahnschmerz verwenden. Direkt auf den Zahn geben, nicht schlucken!

Falls Sie gerade kein Nelkenöl zur Hand haben, versuchen Sie doch einmal Folgendes: einen Teil Sesamsaat mit zwei Teilen Wasser kochen, bis die Flüssigkeit zur Hälfte eingedampft ist. Diesen Brei auf den schmerzenden Zahn geben. Es wirkt, weil Sesam mindestens sieben schmerzstillende Komponenten enthält.

Kopfweh und Migräne

Dies sind häufige Beschwerden, und wenn auch Sie regelmäßig davon betroffen sind, kann das sehr kräftezehrend sein. In jedem Fall sollte man Koffein, Schokolade, Käse, Zitrusfrüchte und Alkohol meiden. Es ist auch ratsam, den Blutzuckerspiegel konstant zu halten, indem man lieber öfters kleine Portionen isst als täglich drei große Mahlzeiten. Wer häufig an Kopfschmerzen leidet, sollte Nahrungsmittel zu sich nehmen, die viel Vitamin E enthalten (Nüsse, verschiedene Pflanzenöle, Müsli und Avocados); Ingwer wiederum – in Nahrungsmitteln oder als Getränk – soll Migräne lindern.

Natürliche traditionelle Hausmittel

Dies ist keineswegs eine vollständige Liste von Hausmitteln; sie enthält nur diejenigen Mittel, die ich oder andere Mitglieder meiner Familie erfolgreich ausprobiert haben.

Fußpilz

Die wirksamste Methode, Fußpilz zu kurieren, ist Barfußlaufen. Pilze vermehren sich in dunkler, feuchter Umgebung, und Schuhe und Socken sind oft feucht. Da Barfußlaufen mitten im Winter aber nicht gut möglich ist, hilft es, Natron in die Schuhe (und Socken) zu sprühen. Man kann auch Apfelessig in die Schuhe sprühen, denn er ist ein natürliches Antiseptikum.

Mundgeruch

An einer Gewürznelke zu saugen, verleiht frischen Atem. Sehr starke Wirkung entfaltet auch Kardamom, ein wirksames Antiseptikum. Einfach die Samen kauen (die angeblich auch ein wirksames Aphrodisiakum sind).

Sich auf die Zunge beißen

Dies passiert erstaunlicherweise ziemlich häufig! Einen benutzten Teebeutel ausdrücken und feucht auf die schmerzende Stelle pressen – das wirkt Wunder und stillt den Schmerz.

Blaseninfektionen und Blasenentzündung

Eine traditionelle Methode, um Blasenentzündungen zu verhindern oder zu behandeln, ist der Genuss von Cranberrysaft. Man muss aber Unmengen davon trinken – vermutlich mehr, als man verträgt. Da wirken Cranberrytabletten schneller und besser. Bei anhaltenden Beschwerden unbedingt zum Arzt gehen.

Auch der Verzehr von Joghurt kann Abhilfe schaffen, allerdings muss er lebende Kulturen und »freundliche« Bakterien enthalten, die der Darmflora guttun.

Körpergeruch

Falls Sie gegen kommerzielle Deodorants allergisch sind oder das Problem des Körpergeruchs lieber auf natürliche Weise lösen wollen, mischen Sie Natron mit Speisestärke und pudern Sie damit Ihre Armhöhlen. Dieses Mittel ist frei von Duftstoffen und sehr effektiv. Auch Essig-Essenz (mit Wasser verdünnt) funktioniert, weil es antiseptisch wirkt. Die Vorstellung, mich mit Essig einzureiben, behagt mir persönlich allerdings nicht.

Schrammen

Arnika eignet sich wunderbar zur Behandlung von Schrammen – entweder in Form von Globuli, diesen kleinen homöopathischen Kügelchen, die man (ohne sie mit den Fingern zu berühren) direkt aus dem Fläschchen auf die Zunge gibt, oder als Arnikasalbe.

Blähungen

Jeder Mensch leidet ab und zu an Blähungen, und eine der Hauptursachen ist der Verzehr von Bohnen. Wenn Sie also für ein Essen getrocknete Bohnen verwenden wollen, empfiehlt es sich, die Bohnen über Nacht in Wasser einzuweichen, das Wasser wegzuschütten und die Bohnen in frischem Wasser gar zu kochen – Sie werden sehen, es hilft! Ein weiteres altes Hausmittel gegen Blähungen besagt, dass man Bohnen zusammen mit einer Karotte weichkochen soll. Ich weiß nicht, wie die wissenschaftliche Erklärung dafür lautet, aber auch das funktioniert.

Kater

Um einen Kater zu vermeiden, folgt man am besten der alten Maxime »Trauben und Korn nie durcheinandertrinken«. Falls dieser Rat aber zu spät kommt, muss jetzt als Erstes unbedingt der Wasserhaushalt ausgeglichen werden. Also sehr viel Wasser trinken! Traditionell wird gegen Kater ein Frühstück empfohlen, das vorwiegend aus Eiern besteht – und die Wissenschaft bestätigt diesen weisen Rat, weil man im Ei die Aminosäure Cystein entdeckt hat, die beim Abbau der Alkoholtoxine mithilft.

Schluckauf

Ein Teelöffel (5 ml) Apfelessig in einem Glas Wasser verrührt wird Schluckauf in den meisten Fällen beseitigen.

Reisekrankheit und Übelkeit

Es gibt alle möglichen Medikamente und sogar Geräte zum Schutz vor Reisekrankheit und Übelkeit, aber Sie werden vermutlich feststellen, dass Ingwer sehr gut wirkt. In welcher Form Sie den Ingwer zu sich nehmen, spielt keine Rolle – roh, kandiert oder als Ginger Ale. Wenn unseren Kindern schlecht war, bekamen sie immer Ginger Ale, und es hat zuverlässig geholfen. Ein weiteres Hausmittel, das nicht sehr bekannt, ja, nicht einmal überall erhältlich sein dürfte, ist purer Cola-Sirup; auch handelsübliche Cola-Getränke sind sehr wirksam.

Geschwüre der Mundschleimhaut (Aphthen)

Manche Menschen leiden immer wieder unter Aphthen, die schmerzhaft und lästig sind und oft durch Stress oder Erschöpfung ausgelöst werden. Hier zwei sehr effektive Gegenmaßnahmen: täglich naturbelassenen Joghurt essen und einen feuchten, aber nicht heißen Schwarzteebeutel wie eine Kompresse auf das Geschwür drücken.

Probleme mit den Nebenhöhlen

Menschen, die Probleme mit den Nebenhöhlen haben, leiden oft an Kopfschmerzen und verstopfter Nase. Eine Freundin von mir schwört auf Meerrettich, den sie selbst im Garten anpflanzt. Wenn man ganz tapfer ist, kann man geriebenen Meerrettich sogar roh essen. Sie können ihn aber auch nach Rezept zubereiten oder einfach dran riechen.

Halsweh

Essig tötet Bakterien ab, deshalb bei Halsweh einen Teil Honig mit einem Teil Apfelessig mischen und viermal täglich 1 Esslöffel (15 ml) davon einnehmen.

Gurgeln mit Salzwasser ist eine weitere wirksame Methode gegen Halsweh und Zahnfleischprobleme (die Ursache der Zahnfleischbeschwerden sollten Sie jedoch von Ihrem Zahnarzt abklären lassen).

Ein anderes Mittel gegen Halsweh und Husten schmeckt wesentlich besser und funktioniert genauso gut. Mischen Sie einen Teil Honig mit einem Teil Whisky oder Wodka und einem Teil Zitronensaft. In einem kleinen Kochtopf erhitzen, bis es fast kocht. Abkühlen lassen, dann bei Bedarf einen Esslöffel (15 ml) einnehmen, bis zu viermal täglich. Kindern kann man die Mischung ohne Alkohol geben – einfach nur mit Honig und Zitrone.

Essen und Kochen: Die Grundlagen

Lebensmittel einkaufen

Wo kauft man am besten Lebensmittel ein? Schwierige Frage. Idealerweise kauft man dort ein, wo man die frischeste Ware bekommt und am wenigsten wegwerfen muss. Aber heutzutage ist das Leben stressig, und so wählt man meist den Laden, der am nächsten liegt. Es lohnt sich immer, nach einem Laden mit heimischen Produkten zu suchen oder nach einem Wochenmarkt – auf diese Weise können Sie regionale Erzeuger unterstützen, und meist bekommen Sie hier besonders frische und aromatische Lebensmittel.

Hier einige praktische Tipps für Ihre wöchentliche Einkaufstour:

* Bekanntermaßen sollte man niemals Lebensmittel einkaufen, wenn man hungrig ist, denn dann kauft man mehr ein, als man eigentlich will. Dasselbe gilt, wenn man sich wütend, einsam oder müde fühlt.
* Einkaufen ohne Kinder hat mancherlei Vorteile. Es werden Ihnen keine Süßigkeiten in den Einkaufswagen geschmuggelt; und es gibt keine Wutanfälle,

wenn Sie den Kindern etwas aus der Hand winden müssen. Was Ihre Lieben gerne essen, überlegen Sie am besten zu Hause, beim Schreiben der Einkaufsliste – nicht erst im Laden.

* Gehen Sie nie ohne eine Liste einkaufen. Diese Liste kann ganz allgemein gehalten sein, damit Sie flexibel auf aktuelle Sonderangebote reagieren können. Zum Beispiel: *Früchte, Gemüse, Brot, Milch, Kaffee, Fisch, Fleisch, Käse, Butter, Zucker.* Falls Sie ein bestimmtes Rezept kochen wollen, sollte auf dem Zettel allerdings genau vermerkt sein, wie viel von den betreffenden Zutaten Sie brauchen. Nichts ist frustrierender, als mit einer Einkaufsliste loszuziehen, auf der nur *Hähnchenbrust* oder *Rhabarber* steht, ohne jede Mengenangabe.
* Manchmal ist es ökonomisch, gleich größere Mengen einzukaufen. Angenommen, Sie entdecken beim Metzger ein schönes Bratenstück, das aber doppelt so groß (und doppelt so teuer) ist wie das, was Sie sonst immer kaufen. Wenn es dafür aber zwei schmackhafte Mahlzeiten ergibt statt nur einer, lohnt sich der Kauf dennoch.

Salat und Beerenobst frisch halten

Nehmen Sie ein Plastikkörbchen – einen von diesen Behältern, in denen Pflaumen und Pfirsiche verkauft werden – und legen Sie es mit zwei Lagen Küchenpapier aus. Salatblätter hineingeben, mit zwei weiteren Lagen Küchenpapier bedecken und das Körbchen in eine Plastiktüte stecken – am besten spezielle Gemüse-Frischhaltebeutel verwenden, sonst einfach normale Gefrierbeutel. Im Gemüsefach des Kühlschranks aufbewahren.

Für Beerenobst können Sie das Plastikkörbchen verwenden, in dem Sie es gekauft haben. Mit Küchenpapier den Boden auslegen und die Beeren abdecken, bevor man den Deckel aufsetzt.

Obst und Gemüse schälen und entkernen

Einige Obst- und Gemüsesorten lassen sich ganz einfach schälen: Spontan fallen mir da Kartoffeln, Karotten, Pastinaken, Zucchini, Kürbisse und Birnen ein.

Bei anderen, etwa Tomaten, Pflaumen und Pfirsichen, ist das schwieriger, weil sie gehäutet werden müssen. Dazu gehen Sie folgendermaßen vor: Tomate (bzw. Pflaume oder Pfirsich) in eine Schüssel legen und mit kochend heißem Wasser bedecken. Nach etwa einer Minute herausnehmen, auf die Arbeitsfläche legen und die Haut einschneiden, dann lässt sie sich ganz leicht in großen Stücken abziehen.

Tomatenkerne entfernen: Falls Sie Schnitze brauchen und es auf die Form ankommt, teilen Sie die Tomate in Viertel und schneiden die Kerne heraus. Wenn Sie die Tomate aber nur mitkochen wollen, können Sie sie einfach ausquetschen! Kinderleicht, nicht wahr?

Falls Sie Paprika ansengen müssen, um sie zu häuten, tun Sie dies am besten über einer Gasflamme: Paprika auf mittlere Flamme legen, nach ein paar Minuten umdrehen. Wenn die Haut überall angesengt ist, Paprika mit großem Löffel von der Flamme nehmen, in eine Schüssel legen und mit Folie abdecken. Abkühlen lassen. Dann lässt sich die Haut ganz leicht abziehen. Um die Kerne zu entfernen, schneiden Sie das Stielende ab, schneiden die Paprika der Länge nach in zwei Hälften und schaben mit der stumpfen Seite einer Messerklinge die Kerne heraus.

Größere Saftausbeute bei Zitrusfrüchten

Beim Kauf von Zitronen (oder anderen Zitrusfrüchten) spielt es eine große Rolle, wofür Sie die Früchte verwenden wollen. Brauchen Sie zum Garnieren hübsche Viertel oder Scheiben, dann sollten Sie die ovalen, glänzend gelben Zitronen mit dicker Haut kaufen. Deren Saftausbeute ist allerdings gering.

Zum Auspressen empfehlen sich eher die unschönen, kleinen, runden Zitronen. Sie haben fast keine Haut, bestehen also fast nur aus Saft.

Vor dem Auspressen die Zitronen auf Zimmertemperatur bringen oder in eine Schüssel mit warmem Wasser legen – oder die Zitrone zehn Sekunden lang auf hoher Stufe in die Mikrowelle legen. Auf dem Küchentisch hin und her rollen (dabei von oben Druck ausüben), um den Saft freizusetzen, dann auspressen.

Salz streufähig halten

Falls Sie keine Salzmühle, sondern einen Salzstreuer verwenden, werden Sie merken, dass das Salz viel besser rieselt, wenn man vor dem Befüllen ein paar Reiskörner in den Salzstreuer gibt. Da der Reis Feuchtigkeit absorbiert, brauchen Sie den Salzstreuer vor Gebrauch nicht mehr gegen den Tisch zu stoßen, um die Klumpen aufzulösen.

Ein Konservenglas öffnen

Fast jede Frau hat ihre ganz spezielle Methode, ein Einmachglas zu öffnen. Folgende Methoden sind erprobt:

- Sie sagen: »Könnten Sie das bitte für mich öffnen?«, klimpern ein bisschen mit den Wimpern und überreichen das Glas einem Mann.
- Sie schieben einen schmalen Löffelstiel zwischen Deckel und Glasrand, damit das Vakuum im Glas aufgehoben wird.
- Vielleicht liegt in der Küchenschublade eins dieser Gummibänder, die zum Beispiel Spargelstangen

zusammenhalten? Legen Sie es um den Deckel und drehen Sie dann – das verstärkt die Zugkraft.

- Oder Sie stellen das Glas auf den Kopf und stoßen es leicht gegen den Küchentisch. Glas wieder umdrehen – jetzt müsste es sich öffnen lassen.
- Glasrand unter heißes Wasser halten.
- Zum Drehen Gummihandschuhe anziehen, damit man nicht abrutscht.

Kochtipps

Um gut zu kochen, bedarf es keines besonderen Talents. Man braucht nur erstklassige Zutaten (aus nichts wird nichts), etwas Zeit und die Fähigkeit, ein Rezept zu lesen. Sie müssen das Rezept von A bis Z lesen und überprüfen, ob Sie alle Zutaten dahaben. Auch die Zubereitungsweise sollten Sie aufmerksam studieren, damit Sie genau wissen, was zu tun ist.

- Wenn Sie backen oder ein Hauptgericht kochen, legen Sie bitte alle Zutaten auf der Arbeitsfläche bereit. Falls irgendwelche Vorbereitungen zu treffen sind – Marinieren, Vorheizen des Backofens etc. –, muss dies zu Beginn geschehen. Wenn Sie irgendeine Zutat nicht mehr brauchen, sogleich beiseitestellen.
- Wenn Sie ein Rezept das erste Mal ausprobieren, sollten Sie die Maßangaben genau befolgen. Wenn

Sie mit dem Gericht nicht ganz zufrieden sind, können Sie beim nächsten Mal Änderungen vornehmen. Mit Salz sollten Sie allerdings immer sparsam sein (es sei denn, Sie backen Brot – da kommt es auf das korrekte Verhältnis von Hefe und Salz an).

* Bereiten Sie im Backofen niemals gleichzeitig zwei Gerichte zu, für die unterschiedliche Backtemperaturen angegeben sind – zumindest nicht, wenn Ihnen Kocherfahrung fehlt. Wenn Sie das Hauptgericht in den Ofen schieben, kochen Sie das Gemüse entweder in einem Topf auf dem Herd oder in der Mikrowelle. Lieber nicht allzu viele neue Rezepte auf einmal ausprobieren, sonst klappt keines davon.
* Wenn Sie Gäste zum Essen erwarten und noch keine diesbezügliche Erfahrung haben, sollten Sie nicht zu ehrgeizig sein. Die Vorspeise darf ganz simpel ausfallen – entweder etwas, das man vorbereiten kann, oder ein Salat, den man nur noch anmachen muss. Für den Hauptgang eignet sich ein Gericht, das Sie schon einmal erfolgreich zubereitet haben – wenn die Gäste eintreffen, sollten Sie nicht die ganze Zeit in der Küche stehen müssen. Das Dessert kann ganz schlicht sein: entweder eine Käseplatte mit Früchten, oder fertig gekauftes Eis oder Sorbet. Sie können aber auch ganz aufs Dessert verzichten und Pralinen oder Kekse mit Kaffee oder Tee servieren.

Lebensmittelhygiene

Für die Aufbewahrung von Lebensmitteln und den Umgang mit ihnen empfehlen sich folgende grundlegenden Hygienerichtlinien. So werden Lebensmittelvergiftungen vermieden.

* Bei der Essenszubereitung immer auf saubere Hände achten.
* Um zu verhindern, dass sich Bakterien von rohen auf gekochte Lebensmittel ausbreiten, rohe Lebensmittel von gekochten Lebensmitteln trennen.
* Rohes Frischfleisch, Geflügel und Meeresfrüchte im untersten Kühlschrankfach auf einem Teller aufbewahren, damit der Saft nicht auf andere Lebensmittel heruntertropfen kann. Nach dem Einkauf so rasch wie möglich kühlen. Kühlschrank und Eisschrank auf maximale Temperatur einstellen.
* Es wird immer empfohlen, für Frischfleisch, Geflügel und Meeresfrüchte ein anderes Schneidebrett zu benutzen als für verzehrfertige Lebensmittel wie Salat und Früchte. Meiner Meinung nach ist vor allem wichtig, dass das Schneidebrett peinlich sauber gehalten wird. Ich spüle es nach jedem Gebrauch mit heißem Seifenwasser ab und schrubbe es gründlich mit Natron. Damit habe ich gute Erfahrungen gemacht.
* Bevor Sie gekochte Lebensmittel auf einen Teller

legen, auf dem sich zuvor rohes Fleisch, Geflügel oder Meeresfrüchte befunden haben, Teller unbedingt gründlich abspülen!

* Achten Sie bei der Essenszubereitung stets darauf, dass die Kochtemperatur hoch genug ist. Dies gilt vor allem für Reste von Soßen, Suppen und Eintöpfen – eigentlich für alle aufgewärmten Gerichte. Ich mag mein Steak am liebsten halb durchgebraten; da ich Steaks nur in bester Qualität kaufe, kann ich das riskieren. Doch für Geflügel darf die Temperatur niemals, *niemals* zu niedrig sein!

Kochen mit Kindern

Meine Kinder durften mir schon in der Küche helfen, als sie noch ganz klein waren. Auf diese Weise lernten sie, wie man mit Lebensmitteln umgeht und sie zubereitet. Falls Sie selbst Gemüse und Obst im Garten haben, lassen Sie Ihre Kinder oder Enkel bei der Ernte mithelfen und sie von rohem Gemüse probieren – zum Beispiel Tomaten, Karotten, Erbsen. Lassen Sie die Kinder beim Kochen helfen, je nachdem, was sie schon können und sich zutrauen. Ich zum Beispiel backe für mein Leben gern, und diese Begeisterung hat meine Kinder angesteckt.

Manchmal verwandeln Kinder die Küche in ein Chaos, manchmal machen sie Fehler. Aber es ist eine schöne Gelegenheit, etwas gemeinsam zu tun. Und wenn die Kinder schon früh kochen lernen, werden sie es Ihnen später, als Erwachsene, danken.

Fischgerüche

Fischgeruch lässt sich mit folgender Methode aus der Küche vertreiben: etwas Essig-Essenz und Wasser in eine Schüssel gießen, auf Tisch oder Arbeitsfläche stellen und einige Stunden stehen lassen. Hilft zuverlässig.

Versalzene Speisen

Eine Katastrophe, die beim Kochen jedem mal passiert, ist das Versalzen von Speisen – zum Beispiel, weil man im Rezept statt Teelöffel Esslöffel gelesen hat. Kein Grund, gleich in Panik zu geraten und alles wegzuwerfen. Fügen Sie am besten noch mehr Gemüse hinzu, oder Tomaten- oder Gemüsesaft. Wenn dies allerdings nichts hilft, müssen Sie sich geschlagen geben und das Essen entsorgen.

Bei ungekochten versalzenen Speisen ist Kreativität gefragt. Bei Salat zum Beispiel kann man einfach noch mehr Salatblätter untermischen.

Mahlzeiten strecken

Wenn Sie eigentlich ein Abendessen für ein bis zwei Personen geplant hatten, kurz vor dem Essen aber Ihre Geschwister und Ihre beste Freundin auftauchen (hoffentlich nicht alle auf einmal), würde ich von schlechten Manieren sprechen. Geschieht dies regelmäßig, sind Sie entweder eine tolle Köchin oder Sie sollten mit den Betreffenden ein ernstes Wörtchen reden.

Sie können Überraschungsgäste aber auch freundlich zum Essen einladen, wenn Sie folgende Zutaten im Haus haben: Trockennudeln, Dosentomaten, frische Milch oder H-Milch, Reis, Eier und Käse. Auch Reste von Gemüse, Fleisch, Fisch und Geflügel eignen sich wunderbar. Wenn Sie diese Grundzutaten immer im Küchen- und Kühlschrank vorrätig haben, können Sie jederzeit einen Nudelauflauf, ein Risotto, ein Omelett oder eine Frittata zaubern. Eine Auswahl an Rezepten finden Sie im Rezeptteil auf den Seiten 81 bis 109.

Kreative Resteverwertung

Als meine Kinder noch zu Hause lebten, habe ich eine Zeit lang jedes Wochenende den Kühlschrank leer geräumt und sämtliche Reste zu einem Eintopf verarbeitet, den es dann am Sonntag gab. Dieser Eintopf bestand aus Fleisch oder Geflügel, Reis, Nudeln und

Kartoffeln, die ich im Lauf der Woche gekocht hatte. Dazu rohes oder gekochtes Gemüse. Nur Fischreste waren nie dabei. Anfangs waren die Kinder begeistert, da es aber doch eintönig wurde, ließ ich es wieder sein.

Auch heute koche ich manchmal noch Mengen wie für eine ganze Armee – alte Gewohnheiten legt man eben nicht so leicht ab –, aber der riesige entbeinte Schweinerücken, mein Lieblingsstück vom Schwein, lohnt sich wirklich: Er ergibt ein komplettes Essen für vier bis sechs Personen *und* köstliche Sandwiches am Sonntagabend *und* noch mindestens ein leckeres Pfannengericht, einen Eintopf und einen Nudelauflauf! Gescheibelt oder gewürfelt, je nach Bedarf, bleibt das Fleisch saftig und schmackhaft bis zum letzten Bissen.

Fischreste (die nicht im Eintopf gelandet sind) werden etikettiert und tiefgefroren und ergeben sehr schmackhafte Fischfrikadellen.

Aus Resten von Risotti, Kartoffeln, Nudeln und Pasta kann man – vermischt mit etwas Gemüse und Käse – eine köstliche Frittata zubereiten.

Aus altbackenem Brot lassen sich Croutons herstellen, lecker zu Suppe und Salat; oder Semmelbrösel, mit denen man Fisch oder Geflügel panieren oder Aufläufe bestreuen kann.

Früchte und Beeren lassen sich pürieren und einfrieren, um sie später zu Sorbets, Eis und Coulis zu verarbeiten. Auch Gemüse kann man pürieren und es zur Verfeinerung einer Suppe oder als Grundlage für eine Soße verwenden.

Kochen mit Eiern

Die Frische von Eiern prüfen

Ein frisches Ei von einer glücklichen Henne ist ein Hochgenuss – aber woher wissen Sie, wie frisch Ihre Eier sind? Falls Sie selbst Hühner halten, ist das ganz leicht. Einfach mit einem weichen Stift das Legedatum auf die Eier schreiben, vorsichtig, damit die Schale nicht zerbricht.

Falls Sie Ihre Eier kaufen müssen, sollten Sie sie unbedingt vor Ablauf des empfohlenen Haltbarkeitsdatums verzehren. Dies kann achtundzwanzig Tage nach dem Legedatum sein! Also nicht unbedingt das, was man sich unter einem »frischen« Ei vorstellt. Viele Leute nehmen Eier zur Aufbewahrung aus dem Karton, deshalb gilt auch hier: Schreiben Sie auf jedes Ei das Datum, sonst haben Sie keinerlei Anhaltspunkt.

Ob Eier frisch sind, lässt sich leicht feststellen: Füllen Sie eine tiefe Schüssel mit kaltem Wasser. Tauchen Sie das Ei sanft unter. Wenn es auf den Boden der Schüssel sinkt und auf der Seite liegt, ist es frisch. Wenn es sinkt und aufrecht steht, ist es einige Tage alt. Wenn es aber im Wasser schwimmt, Vorsicht – dies gilt als sicheres Zeichen dafür, dass das Ei verdorben ist.

Eier aufbewahren

Bewahren Sie Eier im Karton oder auf einem Eierständer in einem kühlen Teil Ihrer Küche auf, und zwar mit der spitzen Seite nach unten und der runden Seite nach oben. So aufbewahrt, bleiben sie mehrere Wochen lang frisch. Wenn Sie unsicher sind, führen Sie den oben beschriebenen Test durch.

Eier muss man nicht unbedingt im Kühlschrank aufbewahren, es sei denn, in Ihrer Wohnung ist es sehr warm. Bei Lagerung im Kühlschrank bitte *nicht* im Eierfach in der Tür; denn dieser Platz ist am weitesten vom Kühlmechanismus entfernt, und die Temperatur schwankt jedes Mal, wenn die Tür geöffnet wird. Eier am besten samt Karton in den Kühlschrank stellen. Dies verhindert, dass Gerüche durch die Schale dringen und vom Ei aufgenommen werden.

Eier trennen

Die käuflichen Ei-Trenner aus Plastik sind reine Geld- und Zeitverschwendung. Sie brauchen lediglich Schüsseln – zwei Schüsseln, wenn Sie ein Ei trennen, drei Schüsseln, wenn Sie mehrere Eier trennen.

Schlagen Sie das Ei kurz am Schüsselrand oder am Rand eines Schneidebretts an, damit die Schale bricht und Sie das Ei öffnen können. Nun halten Sie das Ei über die erste Schüssel und zerteilen die Schalenhälften mit den Daumen. Fangen Sie das Eigelb in der unteren

Hälfte der Eierschale auf, und lassen Sie das Eiweiß in die erste Schüssel rinnen. Eigelb vorsichtig von einer Schalenhälfte in die andere gleiten lassen, immer hin und her, bis alles Eiweiß abgelaufen ist und Sie in der Eierschale nur noch Eigelb übrig haben. Eigelb in die zweite Schüssel geben.

Wenn Sie weitere Eier aufschlagen, fangen Sie das Eiweiß nun in der dritten Schüssel auf. Geben Sie acht, dass kein Eigelb ins Eiweiß gelangt, nicht mal ein Tropfen! Nach jedem Ei schütten Sie das Eiweiß von der dritten Schüssel in die erste Schüssel um. Auf diese Weise verhindern Sie, dass ein verdorbenes Ei eine ganze Schüssel mit Eiweiß verunreinigt – dafür lohnt es sich, eine dritte Schüssel zu spülen! Und falls ein Stückchen Eierschale ins Eiweiß gerät, fischen Sie es einfach mithilfe eines größeren Schalenstücks wieder heraus.

Übrig gebliebenes Eiweiß/Eigelb verwenden

Falls Eiweiß übrig bleibt, kein Problem. Man kann damit entweder Meringuen backen oder Kuchenteig auflockern. Eiweiße wiegen und in Gefrierbehälter geben. Gewicht und Datum auf dem Behälter vermerken. Binnen sechs Monaten verbrauchen. Ein durchschnittlich großes Eiweiß wiegt ungefähr 40 Gramm, ein Eigelb 20 Gramm. Eigelb kann man in einem bedeckten Behälter im Kühlschrank aufbewahren, wenn man es binnen einiger Tage verbraucht.

Rezepte

Das perfekte Frühstücksei

Das Frühstücksei ist ein echter Klassiker. Wie hart oder weich es sein soll, ist Geschmackssache. Viele genießen ihr Ei lieber flüssig, andere eher hart. Man sticht mit einer Stecknadel oder einem Eierstecher am breiteren Ende ein Loch in die Schale. So wird der Druck ausgeglichen – die Eierschale platzt beim Kochen nicht. Nun bringt man in einem Topf Wasser zum Kochen, legt das Ei auf einen Esslöffel und senkt es vorsichtig ins kochende Wasser.

Die Kochzeiten:

3 Min. = noch flüssig
4 Min. = wachsweich
5 Min. = fest mit weichem Kern
6 Min. = hart
10 Min. = hart und trocken

Und noch ein Tipp: Wenn Sie die Eischale angestochen haben, läuft das Eiweiß wahrscheinlich sowieso nicht aus. Für alle Fälle aber können Sie einen Schuss Essig ins Wasser geben, damit eventuell austretendes Eiweiß sofort gerinnt.

Omelett

Ein Omelett zuzubereiten ist kinderleicht. Sie brauchen nur eine gut gepflegte und eingebratene Pfanne.

Sie brauchen pro Person:

* 2 große Eier
* 1–2 TL Sahne, Milch oder Wasser
* 1 TL Butter
* Eine Handvoll gehackte Petersilie oder andere Kräuter
* Salz und frisch gemahlenen schwarzen Pfeffer
* Nach Belieben: geriebenen Käse, Würstchen, Speck, Hühnchen, frische Tomaten, Pilze, Oliven

1. Eier mit Sahne, Milch oder Wasser in eine Schüssel geben und schaumig schlagen.
2. Pfanne auf mittlerer Stufe erhitzen. Wenn sie heiß ist, Butter schmelzen. Die schaumig geschlagenen Eier hineingeben, Kräuter hinzufügen und mit Salz und Pfeffer würzen. Mischung mit einem Spachtel immer wieder seitlich anheben, damit das noch flüssige Ei nach unten läuft.
3. Nach Belieben werden nun die übrigen Zutaten auf

dem Omelett verteilt. Zu diesem Zeitpunkt schiebe ich das Omelett gern in den Backofen oder Grill, um es auch von oben zu erhitzen und den Käse zu schmelzen. Falls der Pfannengriff aus Holz ist, umwickeln Sie ihn mit Alufolie, bevor Sie die Pfanne in den Ofen schieben.

4. Vor dem Servieren wie einen runden Kuchen in keilförmige Stücke schneiden oder zusammenklappen und in Portionen zerteilen.

Reis-Frittata

Ein sehr gutes Rezept, um übrig gebliebenen Reis zu verwenden. Falls Sie eine Bratpfanne mit Holzgriff haben, Griff in Alufolie wickeln, bevor Sie die Pfanne (siehe Punkt 4) in den Ofen schieben.

Wie viele Portionen Sie kochen, hängt ganz davon ab, wie hungrig Sie sind.

Zutaten pro Person:

- 2 Eier, mit etwas Wasser, Milch oder Sahne vermischt
- Etwa eine Tasse gekochten Reis
- 3 sehr große Champignons, gescheibelt oder gehackt

Als Belag:

- Gehackte Petersilie
- Cheddarkäse
- Frisch gemahlener Pfeffer

* Frische oder getrocknete Kräuter, zum Beispiel Thymian oder Oregano (nach Belieben)

1. Backofen auf 180° C vorheizen (Gas Stufe 4)
2. Bereiten Sie aus den Eiern ein Omelett zu. Heben Sie es in der Pfanne immer wieder seitlich an, damit die noch rohe Eimasse nach unten fließt.
3. Bratpfanne von der Kochplatte nehmen. Erst den Reis, dann die Pilze gleichmäßig über das Omelett verteilen. Mit Petersilie und Käse bestreuen. Mit Pfeffer würzen und eventuell Kräuter hinzufügen. Belag mit Spatel glatt streichen.
4. Pfanne in den Ofen schieben, bis der geschmolzene Käse nach etwa fünf Minuten Blasen wirft. Pfanne aus dem Ofen holen, Frittata in keilförmige Stücke teilen und mit Salat servieren.

Hausgemachte Croutons

Altes Brot kann man nicht endlos an Enten verfüttern – das heißt aber nicht, dass Sie es wegwerfen müssen. Verwandeln Sie es in Semmelbrösel für Aufläufe und Paniertes, oder machen Sie daraus nach dem folgenden Rezept Croutons für Suppen und Salate.

Es kommt nicht auf die Brotsorte an. Jede Sorte, die sich in Scheiben oder Würfel schneiden lässt, eignet sich dazu. Sie sollten Croutons aber nur nach Bedarf zubereiten, wenn Sie Ihr Brot nicht in eine Schimmelpilzkultur verwandeln wollen! Also, übrige Brotwürfel oder Semmelbrösel in Plastiktüten füllen und einfrieren.

* Brot in Würfel schneiden.
* Backblech mit Alufolie bedecken. Ofen auf 180 °C vorheizen (Gas Stufe 4).
* Brotwürfel in einer Schicht auf der Alufolie auslegen, mit Olivenöl besprühen, mit Salz und Pfeffer würzen, nach Belieben auch mit Knoblauch und Kräutern.
* 15 bis 20 Minuten backen, nach der Hälfte der Zeit die Würfel einmal wenden, wenn sie goldbraun und trocken sind.
* Falls Sie zu braun werden, Temperatur herunterdrehen und Croutons mit Alufolie abdecken.

Was in eine Vinaigrette gehört

Man braucht wirklich kein fertiges Salatdressing zu kaufen, wo die Zubereitung doch so einfach ist. Hier ein paar Ideen:

Grundrezept Vinaigrette

Die meisten Leute verwenden für eine Vinaigrette Öl und Essig im Verhältnis 3 : 1. Da dies aber Geschmackssache ist, muss man experimentieren. Nehmen Sie das beste Olivenöl, das Sie sich leisten können. Wenn Sie wollen, können Sie einen Teil des Olivenöls auch durch Nussöl ersetzen (Walnuss-, Haselnuss-, Makadamianussöl). Die hier angegebenen Mengen sind Richtwerte – sie können nach Belieben vergrößert oder verkleinert werden.

Sie brauchen:
* 1 EL Olivenöl aus erster Pressung
* 2 EL Essig (dunkler oder weißer Balsamico, Sherryessig, Himbeer- oder Reisessig)

Je nach Geschmack:
* 2 TL frisch gepressten Zitronensaft
* Eine Prise Senfmehl
* Gehackte frische oder getrocknete Kräuter
* Eine Prise Salz und frisch gemahlenen schwarzen Pfeffer

Olivenöl und Essig in ein Schraubglas geben und umrühren. Falls das zu fade schmeckt, Zitronensaft hinzufügen und erneut probieren. Nach Belieben würzen.

Grundrezept für eine fettlose Vinaigrette

Sie brauchen:
* 3 Teile Orangensaft
* 1 Teil weißen Balsamico-Essig
* 1 TL getrocknete italienische Kräuter

* Eine Prise Salz und frisch gemahlenen schwarzen Pfeffer

Geben Sie alle Zutaten in ein Schraubglas und schütteln Sie es. Sie können das Dressing sofort verwenden, aber man stellt es besser auf Vorrat her und bewahrt es im Kühlschrank auf, damit sich die Aromen entfalten können.

Pasta-Auflauf

Diesen Auflauf können Sie nach Belieben gestalten. Wenn Sie Vegetarier sind, lassen Sie einfach Hühnchen, Fisch oder Fleisch weg. Dieses Rezept soll Ihnen nur zur Orientierung dienen. Zutaten können weggelassen oder hinzugefügt werden – ganz nach Geschmack.

Für 2 – 4 Portionen brauchen Sie:
* 250 g trockene Pasta Ihrer Wahl (Spaghetti, Linguine, Penne, Muschelnudeln etc.)
* Etwa 600 ml Soße, zum Beispiel Béchamel-, Wein- oder Tomatensoße, Fleisch- oder Gemüsebrühe

Nach Belieben:
* Reste von gekochtem Hühnchen oder anderem Fleisch
* Gekochte Garnelen, Shrimps, Flusskrebse oder Weißfisch

* Oliven (große Oliven entsteinen und scheibeln)
* Pilze (in etwas Olivenöl angebraten)
* Gekochtes Gemüse in mundgerechte Häppchen geschnitten
* Gehackte Dosentomaten oder halbierte Kirschtomaten

Für den Belag:
* Geriebenen Käse
* Semmelbrösel

1. Backofen auf 180° C vorheizen (Gas Stufe 4). Eine 23 × 30 cm große Auflaufform einfetten.

Pasta *al dente* kochen und abgießen.

1. Soße zubereiten oder aufwärmen.
2. Soße und Pasta in die Auflaufform geben und gegebenenfalls Geflügel, Fleisch oder Fisch hinzufügen.
3. Mit den Tomaten bedecken, mit Käse und Semmelbrösel bestreuen und so lange backen, bis der Käse schmilzt und die Soße kocht, etwa 15 Minuten. Aus dem Backofen holen und heiß servieren.

Fischfrikadellen

Aus Resten von Weißfisch oder Lachs (oder beidem kombiniert) kann man ein leckeres Abendessen zaubern. Es gilt nur zu beachten, dass die verwendeten Gewürze zusammenpassen. Wickeln Sie die Fischreste in Backpapier und dann in Alufolie, vermerken Sie auf einem Etikett Gewicht und Datum und frieren Sie es ein. Wenn sich einige Päckchen mit Fischresten angesammelt haben, können Sie Fischfrikadellen machen. Falls Sie keine Fischreste haben, nehmen Sie stattdessen hellen Thunfisch – das schmeckt auch sehr gut. Als Füllmasse eignen sich Kartoffelbrei oder Semmelbrösel, auch püriertes Wurzelgemüse macht sich gut. Es handelt sich nur um ungefähre Mengenangaben, weil man nie genau im Voraus weiß, wie viel Reste man übrig hat. Dies also nur zur Orientierung.

Für etwa 4 große Fischfrikadellen brauchen Sie:

- 350 g gekochte Fischreste (aufgetaut, falls aus dem Gefrierschrank)
- 2 Eier
- Selbst gemachte Semmelbrösel oder Kartoffelbrei (etwa die halbe Menge des Fischs, also ungefähr eine halbe Tasse)
- Reste von püriertem Wurzelgemüse
- Frische gehackte Petersilie oder Dill
- Salz und frisch gemahlenen schwarzen Pfeffer
- Semmelbrösel als Belag
- Paprika oder gemahlenen Kreuzkümmel zum Drüberstreuen
- Butter und Oliven- oder Nussöl zum Braten

1. Fischreste in eine Schüssel geben und mit der Gabel zerpflücken.
2. Eier in einer Tasse verquirlen und zum Fisch hinzugeben, dann die Semmelbrösel oder den Kartoffelbrei unterrühren. Nach Belieben Gemüse hinzufügen sowie Petersilie oder Dill. Alles vermischen. Mit Salz und Pfeffer würzen. Wenn die Masse fest genug ist, Kugeln daraus formen.
3. Legen Sie ein Stück Backpapier auf der Arbeitsfläche aus. Schütten Sie eine kleine Menge Semmelbrösel auf das Papier. Legen Sie eine der geformten Kugeln darauf und drücken Sie sie platt, bis sie Frikadellenform hat. Wenden und auch die andere Seite in die Semmelbrösel drücken. Wenn alle Frikadellen fertig sind, nehmen Sie sie samt dem Papier hoch und heben sie auf einen Teller. Mit Paprika und/oder Kreuzkümmel bestreuen. Die Fischfrikadellen mindestens eine halbe Stunde in den Kühlschrank legen, damit sie schön fest werden.
4. Dann in einer großen Bratpfanne etwas Butter und Öl erhitzen. Fischfrikadellen einzeln mit einem Spatel vom Teller nehmen und mit der gewürzbestreuten Seite nach unten in die Pfanne legen. Die nach oben gewandte Seite gleichfalls mit Gewürzen bestreuen und alles 5 Minuten bei mittlerer Hitze braten. Dann alle Frikadellen umdrehen und noch einmal 5 Minuten braten, bis sie goldbraun sind.
5. Heiß mit Salat, Gemüse oder Pellkartoffeln servieren. Ich gebe vor dem Servieren meist einen Klecks

süßer Chilisoße auf den Teller, aber Sie können auch eine Sauce Béchamel zubereiten.

Eintopf aus allem, was der Kühlschrank hergibt

Dies ist eine großartige Lösung, wenn Sie Gemüse- und Fleischreste einmal anders verwerten wollen. Ihre Familie wird begeistert sein!

Für beliebig viele Portionen:
Reste-Allerlei in einen Schmortopf geben und mit gewürfelten gekochten Kartoffeln, gekochtem Reis oder Nudeln und einer Soße Ihrer Wahl mischen. Ein Glas Wein hinzufügen. Sie können auch frische Karotten, Pastinaken, Zwiebeln und Pilze in der Mikrowelle garen und dann in den Schmortopf geben. Topfinhalt zum Kochen bringen, Hitze reduzieren und alles gut durcherhitzen. Abschmecken und bei Bedarf würzen, mit knusprigem Brot servieren.

Risotto

Sie können dieses Risotto mit Gemüse, Fleisch, Fisch oder Kräutern kombinieren. Hier folgt einfach nur mein Grundrezept.

Für 2 – 4 Portionen brauchen Sie:

* 900 ml Gemüse-, Hühner- oder Fleischbrühe (je nachdem, was Sie sonst noch hinzufügen wollen oder vorrätig haben)
* 2 EL Olivenöl
* Ein paar Schalotten oder etwas gehackte Zwiebel
* 225 g Risotto-Reis (die Sorten Arboria und Carnaroli eignen sich besonders gut)
* Ein kleines Glas trockenen Weißwein
* 1 EL geriebenen Parmesan
* 1 EL Sahne (nach Belieben)
* Falls Sie weitere Zutaten hinzufügen (siehe Einleitung), alles in mundgerechte Stückchen schneiden

1. Brühe in Kochtopf geben und zum Sieden bringen.
2. In einem zweiten Kochtopf bei mittlerer Hitze Olivenöl erhitzen und die Schalotten oder gehackten Zwiebeln ein paar Minuten anschwitzen. Reis hinzugeben und etwa 2 Minuten lang umrühren.
3. Wein zugießen. Wenn der Wein fast verkocht ist, langsam – schöpfkellenweise – die heiße Brühe zugeben. Falls der Topfinhalt zu heftig köchelt, Hitze herunterdrehen. Umrühren, bis die erste Schöpfkelle der Brühe aufgesogen ist, dann die nächste Schöpfkelle zugeben. Weiterrühren und die Küchenuhr auf 20 Minuten einstellen. Vielleicht müssen Sie gar nicht die ganze Brühe hinzufügen. Schmecken Sie nach 20 Minuten ab. Wenn es sämig und *al dente* schmeckt, ist das Risotto fertig.

4. Eventuell Käse und Sahne hinzufügen, dann die übrigen Zutaten. Nochmals erhitzen, einen Moment umrühren, dann vom Herd nehmen und Deckel auf den Topf setzen. Kochend heiß servieren.

Steakgewürz

Steakgewürz selbst zuzubereiten bedeutet kaum mehr Mühe, als es im Laden zu kaufen. Deshalb mache ich es meist selbst. Außerdem schmeckt es so frischer und aromatischer.

Sie brauchen:
- 1 TL gemahlenen Kreuzkümmel
- 1 TL Chilipulver
- 2 TL Salz
- 1 TL frisch gemahlenen schwarzen Pfeffer
- ½ TL Cayennepfeffer
- 2 TL fein gehackte Schalotten
- 1½ TL Rohrohr- oder Vollrohrzucker

Alle Zutaten in einer kleinen Schüssel mischen. Die Steaks mit der Gewürzmischung einreiben und eine Weile beiseitestellen, damit die Aromen in das Fleisch einziehen können. Dann Steak braten wie gewohnt. Restliches Steakgewürz in einer etikettierten Gewürzdose aufbewahren.

Hühnchen, das Sie sogar Gästen servieren können

Für dieses verblüffend einfache Rezept wird man Sie in den höchsten Tönen loben. Es lässt Ihnen Zeit, ein raffiniertes Dessert zuzubereiten!

Für 6 Portionen brauchen Sie:

* 675 g Kirschtomaten
* 4 EL Olivenöl und noch etwas mehr Öl zum Braten
* 6 zerdrückte Knoblauchzehen
* 1½ TL zerdrückte getrocknete Chilischoten (nach Geschmack auch mehr oder weniger)
* 3 EL gehackten frischen oder 1½ EL getrockneten Majoran (einen Teil davon zum Garnieren aufheben!)
* 6 Hähnchenbrüste (von frei laufenden Tieren), mit Haut und Knochen
* Salz und frisch gemahlenen schwarzen Pfeffer

1. Ofen auf 230° C vorheizen (Gas Stufe 8).
2. Tomaten, Olivenöl, Knoblauch, Chili und die Hälfte des Majorans in eine Schüssel geben. Hähnchenbrüste in eine eingefettete Backform legen und die Tomatenmischung hinzufügen: in einer Schicht rund um die Hähnchenbrüste verteilen. Mit Salz und Pfeffer würzen.
3. Backen, bis die Hähnchenbrüste gar sind und die Tomatenhaut Blasen wirft, etwa 35 Minuten.

4. Zum Servieren je eine Hähnchenbrust auf einen Teller legen, mit einem Löffel Tomaten und Soße darübergeben und mit dem restlichen Majoran verzieren.

Zitronencreme aus der Mikrowelle

Probieren Sie dieses Rezept aus, und Sie werden nie mehr fertige Zitronencreme kaufen!

Für 360 Gramm Creme und 3 – 4 Personen brauchen Sie:

* 75 g ungesalzene weiche Butter
* 175 g Streuzucker
* 2 TL geriebene Zitronenschale (von unbehandelten Bio-Zitronen)
* 60 ml (= 4 EL) frisch gepressten Zitronensaft
* 3 große Eier, schaumig geschlagen

Zubereitung:

1. Butter in einem Topf schmelzen, dann in eine Schüssel gießen und Zucker, Zitronenschale und Zitronensaft unterquirlen. Eimasse hinzufügen und gut vermischen.
2. Mit Backpapier bedecken und in die Mikrowelle schieben. 3 Minuten lang auf höchster Stufe erhitzen, nach jeweils einer Minute gut umrühren!
3. In sterilisierte Marmeladengläser geben und abkühlen lassen. Im Kühlschrank aufbewahren.

Variation:
Für Orangen- oder Limonencreme einfach Schale und Saft ersetzen. Dann zubereiten wie angegeben.

Backpulver selber machen

Ergibt ungefähr 6 Esslöffel

Sie brauchen:
* 4 EL Weinstein
* 2 EL Natron

Weinstein und Natron in ein feines Sieb geben und dreimal in eine kleine Schüssel sieben. Bei Zimmertemperatur in luftdichtem Behältnis aufbewahren. Diese Mischung hält circa einen Monat. Vor Gebrauch erneut durchsieben, falls sich mittlerweile Klümpchen gebildet haben. Wie käufliches Backpulver verwendbar.

Selbst gemachter Vanille-Extrakt

Sie brauchen:
* 1 leeres Marmeladenglas mit luftdicht schließendem Deckel
* 3 Vanilleschoten
* 240 ml weißen Rum oder Wodka

1. Kochendes Wasser in das Marmeladenglas gießen, 10 Minuten einwirken lassen, um das Glas zu sterilisieren, dann Wasser ausgießen.
2. Schneiden Sie mit einem scharfen Messer die Vanilleschoten der Länge nach auf, um die Samen freizulegen (nicht entfernen!). Schoten in das leere Marmeladenglas geben und Rum oder Wodka hinzufügen. Mit Deckel verschließen, ein paar Mal schütteln und in einem kühlen, dunklen Schrank aufbewahren. Glas mit einem Etikett bekleben, damit Sie auch später noch wissen, was drin ist.
3. Diese Mischung 8 Wochen lang stehen lassen, gelegentlich schütteln. Im Lauf der Zeit wird sie sich dunkel verfärben.
4. Nach 8 Wochen ist der Extrakt fertig. Verwenden Sie ihn nach Bedarf. Wenn Sie etwa ein Viertel des Extrakts verbraucht haben, einfach mit Rum oder Wodka auffüllen und Glas erneut schütteln.
5. Falls Sie für ein Rezept eine Vanilleschote verwendet haben, nach Gebrauch abspülen und dem Extrakt hinzufügen. Wenn Sie weiter so verfahren, wird der Extrakt ewig halten. Falls das Glas irgendwann zu voll wird, einfach einige der alten Schoten entsorgen.

Variation:

Vanilleschoten abspülen und trocknen und in eine Schüssel mit Zucker stecken. So stellen Sie Ihren eigenen Vanillezucker her.

Süßer Zucchinikuchen

Dies ist ein gesunder, saftiger Kuchen, der köstlich schmeckt. Verraten Sie Ihren Kindern aber nicht, dass Gemüse drin ist!
(Ergibt zwei Kastenkuchen zu je 900 Gramm.)

Sie brauchen:
* 3 große Eier
* 450 g feinen Rohrzucker
* 4–6 mittelgroße Zucchini (15–20 cm lang), ungeschält und im Mixer zerkleinert
* 240 ml Öl: Sonnenblumen-, Raps- oder Maisöl
* 2 TL Vanille-Extrakt
* 2 TL fein geriebene Schale von unbehandelten Bio-Orangen oder -Zitronen
* 275 g Weizenmehl
* 50 g Weizenkleie oder Haferkleie
* 1 TL Salz
* 1 TL gemahlenen Zimt
* 1 TL gemahlenen Muskat
* 110 g kernlose Rosinen oder getrocknete Cranberrys
* 110 g gehackte Nüsse: Pekannüsse, Walnüsse oder Haselnüsse

1. Ofen auf 180 °C vorheizen (Gas Stufe 4). Zwei Kastenbackformen (für je 900 g) einfetten oder mit Backpapier auslegen.

2. In einer großen Schüssel die Eier schaumig schlagen. Dann Zucker, Zucchini, Öl, Vanille-Extrakt, Orangen- oder Zitronenschale hinzufügen und gut mischen.
3. In einer anderen Schüssel Mehl, Weizenkleie oder Haferkleie, Salz, Natron, Backpulver, Zimt und Muskat vermischen. Diese Mischung mit der Zucchinimasse verrühren. Verwenden Sie einen Holzlöffel und vermengen Sie alle Zutaten, bis sie durchgefeuchtet sind. Nicht zu lange rühren.
4. Rosinen (oder Cranberrys) und Nüsse unterheben und die Masse in die vorbereiteten Backformen gießen
5. Etwa 1 Stunde 15 Minuten im Ofen backen. Ob der Kuchen fertig ist, können Sie mithilfe eines Zahnstochers oder einer Stricknadel testen: Backofen öffnen, Zahnstocher oder Stricknadel in die Mitte der Kuchenmasse stecken und wieder herausziehen. Wenn keine Teigreste hängen geblieben sind, ist der Kuchen fertig. Nun holen Sie die Kastenformen aus dem Ofen, kühlen sie 10 Minuten lang ab. Auf Backgitter legen und vollends abkühlen lassen.
6. Wenn die Kuchen ganz abgekühlt sind, in Frischhalte- oder Alufolie wickeln. Man kann sie auch gut einfrieren.

Himbeereis leicht gemacht

Für 6 – 8 Portionen brauchen Sie:

* 300 g frische Himbeeren
* 150 g Streuzucker
* 2 EL Framboise (Himbeergeist) oder Himbeersirup
* 450 g Mascarpone
* 2 Stück kandierten Ingwer (man lässt den Sirup abtropfen und hackt den Ingwer dann sehr fein)
* 110 g gute Zartbitterschokolade, sehr fein gehackt
* Zum Garnieren Himbeeren und Schokoladensoße (nach Belieben)

1. Himbeeren in eine Schüssel geben und mit Zucker und Himbeergeist (oder Himbeersirup) besprengen. Eine halbe Stunde bei Zimmertemperatur stehen lassen – bis sich der Zucker aufgelöst hat, die Himbeeren weich geworden sind und Wasser gezogen haben.
2. In einer zweiten Schüssel Mascarpone, Ingwer und Schokolade mischen, dann mit der Himbeermischung verquirlen.
3. Eine 900-Gramm-Kastenform mit Frischhaltefolie auslegen. (Dabei so viel Folie überstehen lassen, dass Sie das Eis damit bedecken und es später mithilfe der Folie aus der Kastenform herausheben können.) Nun die Mischung löffelweise in die Form füllen

und mit der Frischhaltefolie bedecken. Über Nacht gefrieren lassen.

4. Vor dem Servieren aus dem Gefrierschrank holen, Eis aus der Kastenform heben – mithilfe der überstehenden Folie, wie an zwei Henkeln. In Scheiben schneiden und auf Dessertteller geben. Nach Wunsch mit Himbeeren und Schokoladensoße garnieren.

Pfannkuchen

Darauf hofft mein Enkelsohn jedes Mal, wenn er zu uns kommt.

Für vier Portionen brauchen Sie:

- 250 g Mehl
- 1 Prise Salz
- ½ Liter Milch
- 2 Eier
- etwas Öl zum Ausbacken

1. Alle Zutaten zu einem glatten Teig verrühren und ca. 15 Min. ruhen lassen.
2. Das Öl in der Pfanne erhitzen. Den Teig mit einer Kelle nach und nach portionsweise hineingeben und von beiden Seiten goldgelb backen.

Zu Pfannkuchen passt einfach alles! Marmelade, Nuss-Nougat-Creme, Honig, Zucker und Zimt – oder wenn man's lieber salzig mag, Kopfsalat, Kartoffelsalat oder geriebener Käse. Da sind Ihrer Phantasie keine Grenzen gesetzt.

Gedeckter Apfelkuchen

Sie brauchen:

a) Für den Teig

* 300 g Mehl
* 2 TL Backpulver
* 100 g Zucker
* 1 Päckchen Vanillezucker
* 1 Prise Salz
* 1 Eiweiß
* 1 Eigelb
* 1 EL Milch
* 150 g weiche Butter oder Margarine

b) Für die Füllung

* ½ kg Äpfel
* 1 EL Wasser
* 75 g Zucker
* ½ TL Zimt
* etwas Rum oder Rumaroma

1. Äpfel waschen, schälen, Kerngehäuse entfernen und in Stücke schneiden. Mit Wasser, Zucker, Zimt kurz andünsten, dabei ständig rühren. Füllung kaltstellen.

2. Dann die kalten Äpfel mit Rum und Zimt abschmecken.
3. Mehl und Backpulver mischen. In der Mitte eine Vertiefung eindrücken. Alle Zutaten in die Vertiefung geben und zu einem glatten Teig verkneten. (Sollte der Teig kleben, am besten ein Weilchen kalt stellen.)
4. $^2/_3$ des Teigs ausrollen und in eine gefettete Springform (Durchmesser 26–28 cm) geben. Den Boden mehrmals mit einer Gabel einstechen. Den Teig etwa zehn Minuten bei 220° C vorbacken.
5. Dann die Füllung auf dem Teig verteilen, aus dem restlichen Teig einen Deckel ausrollen und über die Äpfel legen.
6. Die Oberfläche mit verquirltem Eigelb bestreichen und mit Zimt und Zucker bestreuen. Circa 20–30 Minuten fertig backen, bei 220° C.

Kirsch-Schokoladen-Brownies

Schokoladenbrownies sind ein sehr leckeres Gebäck. Ist es überhaupt möglich, sie noch zu verfeinern? Mit Früchten vielleicht? Probieren Sie dieses Rezept aus, es ist köstlich – mal sehen, ob Sie mir zustimmen. Letztes Jahr hab ich diese Brownies für eine kleine 12-jährige Freundin gebacken, und sie sind prima gelungen – nicht zu süß und schön klebrig.

Für 24 Brownies brauchen Sie:

* 300 g Butter
* 300 g grob gehackte Bitterschokolade (mit 70 % Kakaoanteil)
* 5 große Eier
* 450 g Streuzucker
* 1 EL Vanille-Extrakt
* 200 g Weizenmehl
* 1 TL Salz
* 250 g getrocknete Kirschen

1. Ofen auf 180° C vorheizen (Gas Stufe 4). Eine Backform (23 cm × 32,5 cm, senkrechte, gerade Seitenwände) mit Pergamentpapier auslegen.
2. Butter und Schokolade in eine Schüssel geben. Schüssel in einen Topf mit siedendem Wasser stellen und die Zutaten im Wasserbad schmelzen, gelegentlich umrühren. Vorsicht: Die Schokolade darf nicht so heiß werden, dass sie zu blubbern beginnt. Man kann die Zutaten auch in der Mikrowelle schmelzen. Etwas abkühlen lassen.
3. In einer weiteren Schüssel Eier, Zucker und Vanille-Extrakt mischen, bis die Mischung dick und cremig ist und an der Rückseite des Löffels hängen bleibt. Dann mit der Schokoladenmischung verrühren.
4. Mehl mit dem Salz durchsieben, dann zur Hauptmischung geben und so lange verquirlen, bis die Masse glatt und geschmeidig ist.
5. Teig in Backform gießen, glatt streichen. 20–25

Minuten backen, bis es eine hellbraune Kruste gibt, die gerade anfängt, Risse zu bilden. Die Teigmasse sollte nicht schwabbeln, wird innen aber immer noch zähflüssig sein. 20 Minuten lang in der Form auf einem Backgitter abkühlen lassen.

6. Die Brownies kann man leichter schneiden, wenn sie kalt sind. Wenn Sie es kaum erwarten können (oder die Brownies kalt bevorzugen), stellen Sie die Form kurz in den Kühlschrank, entfernen dann das Backpapier und schneiden den Teig in 24 Stücke.

Limonade wie in alten Zeiten

Traditionelle Limonade ist nicht das sprudelnde Getränk, das wir heute kennen – »echte« Limonade wird aus frisch gepressten Zitronen hergestellt und ist einer der besten Durstlöscher, die es gibt. Perfekt für Picknicks an heißen Sommertagen.

Für 2 Liter brauchen Sie:

- 450 g Zucker
- 240 ml Wasser, zusätzlich Wasser zum Auffüllen
- 240 ml frisch gepressten Zitronensaft
- Eiswürfel

1. Gefiltertes Wasser und Zucker in einem Kochtopf unter Rühren erhitzen, um den Zucker aufzulösen und einen Sirup herzustellen.

2. Frisch gepressten Zitronensaft zugeben. Umrühren.
3. So viel Wasser auffüllen, dass es zwei Liter Limonade ergibt. Eiswürfel zugeben und eiskalt servieren.

Eiskaffee

Meiner Meinung nach übertrifft ein Eiskaffee im Sommer jedes Dessert! Aus irgendeinem Grund schmeckt Instantkaffee bei diesem Getränk besser als gebrühter Kaffee, und Zuckeraustauschstoff löst sich leichter auf. Wenn Sie sich wirklich eine süße Sünde leisten wollen, fügen Sie dem fertigen Getränk noch eine Kugel Vanille-, Mokka- oder Schokoladeneis hinzu.

Für 1 Glas brauchen Sie:

- Einen Becher Instantkaffee in der von Ihnen gewünschten Stärke, gekühlt
- Zucker oder Zuckeraustauschstoff
- Milch oder Sahne
- Eiswürfel
- Eine Kugel Eiscreme (nach Belieben)

1. Gießen Sie den Kaffee in ein großes Glas, fügen Sie Zucker oder Zuckeraustauschstoff hinzu und rühren Sie gründlich um. Dann Milch oder Sahne hinzufügen.
2. Füllen Sie das Glas mit Eiswürfeln. Lassen Sie noch

ein bisschen Platz für die Eiscremekugel, die Sie am Schluss hinzufügen.

3. Wenn der Kaffee so kalt ist, dass Ihnen fast die Zähne wehtun, stecken Sie einen Strohhalm ins Glas. Fertig!

Pflanzen und Haustiere

Ratschläge für alle, die keinen grünen Daumen haben

Ganz gleich, ob Sie nun einen richtigen Garten geerbt haben, einen Garten anlegen, einen Schrebergarten pachten konnten oder einfach nur ein paar Topfpflanzen haben – wenn Ihnen all dies Freude macht, sind Sie in guter Gesellschaft. Die meisten Menschen gärtnern gern, entweder, um sich mit Obst und Gemüse selbst zu versorgen, oder weil sie Grün und Blumen lieben. Hier einige Tipps für angehende Gärtner:

* Egal, wie groß Ihr Garten ist, Sie sollten ausreichend Zeit und Know-how mitbringen. Gärtnern kann ein sehr teures Hobby sein, und es hat keinen Sinn, damit anzufangen, wenn man nicht genügend Zeit dafür aufbringt (es sei denn, man hat vor, einen Gärtner einzustellen).
* Eines muss Ihnen klar sein: Beim Gärtnern wird man nicht sofort belohnt. Es ist ein bisschen wie mit der Kindererziehung – es braucht Geduld und Zeit. Außerdem bedarf ein schöner Garten der Planung.

Lesen Sie Bücher und Zeitschriften, um Tipps und Anregungen zu bekommen. Besuchen Sie öffentliche Parks und Blumenschauen, um sich mit Pflanzen, die Sie nicht kennen, vertraut zu machen.

* Falls Sie keinerlei Erfahrung besitzen, lassen Sie sich die Grundlagen von einem »alten Hasen« zeigen. Im Lauf der Zeit werden Sie immer mehr dazulernen, höchstwahrscheinlich durch »Trial-and-Error«. Zum Beispiel muss man unbedingt wissen, welche Pflanzenarten auf welcher Bodensorte gedeihen.
* Wenn Sie von jemandem einen Blumentopf geschenkt bekommen, der keine Pflegeanleitung enthält, fragen Sie in einem Blumenladen oder einer Pflanzschule nach oder wenden Sie sich an eine Freundin, die sich auskennt.
* Wenn Pflanzen eingehen, gibt es dafür zwei Hauptgründe: Entweder man hat sie zu viel gegossen oder zu wenig. Wenn Sie der Pflegeanleitung folgen, die an der Pflanze befestigt war, oder dem Rat Ihres Gartencenters, sollte es mit dem Gießen eigentlich klappen, und Ihre Pflanzen werden prächtig gedeihen. Andernfalls verlieren Sie bitte nicht den Mut. Selbst erfahrene Gärtner und Gärtnerinnen machen manchmal Fehler.

Pflanzen, die man essen kann

Nichts ist so befriedigend wie der Verzehr selbst gezogener Nahrungsmittel. Wenn Sie einen Garten oder eine Schreberparzelle haben und selber Obst und Gemüse anbauen wollen, werden Sie mit den frischesten Produkten belohnt, die Sie sich vorstellen können. Hier ein paar nützliche Hinweise:

* Bevor Sie Gemüse anpflanzen, befreien Sie die Erde gründlich von Steinen und mischen Sie Kompost darunter, damit die Erde schön feucht bleibt.
* Falls Sie Kopfsalat und andere Blattsalate anpflanzen wollen, sollten Sie die Blätter regelmäßig abpflücken, um neues Wachstum anzuregen. Und säen Sie keinesfalls alle Samen auf einmal, es sei denn, Sie wollen auf einen Schlag so viel Salat haben, dass Sie sämtliche Nachbarn versorgen können.
* Schnecken sind eine wahre Plage für Gemüsebeete, aber mit einer Prise Salz ist das Problem rasch behoben.
* Mit Obst ist es etwas schwieriger als mit Gemüse. Wählen Sie Obstsorten, die zum Klima passen und für die Sie genügend Platz haben. Fragen Sie andere Gärtner und Gärtnerinnen, was bei ihnen gedeiht

Pflanzen umtopfen

Zimmerpflanzen muss man gelegentlich umtopfen, wenn sie für den Topf zu groß werden oder die Erde ausgelaugt ist und keine Nährstoffe mehr bietet. Da beim Umtopfen viel Schmutz entsteht, empfiehlt es sich, dies draußen im Freien zu tun; falls Sie nicht die Möglichkeit dazu haben, decken Sie den Arbeitsbereich mit alten Zeitungen ab.

1. Vermeiden Sie den Fehler, die Pflanze in einen sehr großen Topf umzusetzen, wenn sie noch ganz klein ist. Diese Maßnahme wird das Wachstum *nicht* fördern, sondern einen zu krassen Wechsel bedeuten. Wählen Sie den nächstgrößeren Topf.
2. Zuerst aus einem alten Nylonstrumpf einen Kreis ausschneiden und den Abfluss damit bedecken (siehe S. 34 *Getragene Nylonstrumpfhosen weiterverwenden*). Dann eine Topfscherbe oder ein paar Steine darauflegen und schließlich den Kompost, der Ihrer Pflanze am besten entspricht.
3. Den Wurzelballen sanft hin und her bewegen, damit er sich aus dem Topf löst. Vorsichtig herausheben. Wurzelballen in den vorbereiteten Kompost setzen, sodass er genauso hoch mit Erde bedeckt ist wie im alten Topf. Falls nötig, mehr Erde hinzufügen. Wurzelballen fest in den Topf drücken.
4. Pflanze gießen, an den gewünschten Platz stellen

und ihr Gelegenheit geben, sich an die neue Umgebung zu gewöhnen.

Kräuter

Eigene Kräuter zu pflanzen ist äußerst vorteilhaft – sie verleihen nicht nur dem Essen Geschmack, sondern haben auch natürliche Heilwirkungen (siehe S. 52 ff., *Pflanzen, Kräuter und Gewürze mit Heilkraft*). Hier einige nützliche Ideen, bevor Sie mit dem Pflanzen beginnen:

* Manche Kräuter bevorzugen direkte Sonneneinstrahlung, andere stehen lieber im Schatten – informieren Sie sich, damit die Pflanzen auch wirklich gedeihen können. Schnittlauch, Lavendel, Rosmarin, Thymian und Salbei lieben Sonne, während Basilikum, Petersilie und Rucola gern im Schatten stehen, wo die Erde immer schön feucht bleibt.
* Kräuter wachsen am liebsten im Freien. Wenn Sie aber keinen Garten haben, können Sie sie auch in Töpfen, Balkonkästen oder Blumenampeln ziehen. Dann allerdings brauchen sie mehr Pflege als Kräuter im Freien – also eine besonders nährstoffreiche Blumenerde.
* Manche Kräuter sind einjährige, manche mehrjährige Pflanzen. Basilikum, Koriander, Dill und Borretsch sind einjährig; Oregano, Lavendel, Thymian,

Schnittlauch und Rosmarin sind mehrjährige Pflanzen. Einjährige Pflanzen müssen jedes Jahr neu ausgesät werden, während man mehrjährige meist aus kleinen Pflanzen zieht. Wenn Sie in einem Klima leben, das kalte Winter mit sich bringt, ist es ratsam, die mehrjährigen Pflanzen entweder in einem Gewächshaus im Garten überwintern zu lassen oder sie bis zum Frühling in die Wohnung zu holen.

Unkraut

Unkraut kann richtig hübsch aussehen. Solange meine anderen Pflanzen nicht davon erstickt werden, lasse ich das Unkraut stehen. Es sieht aus, als gehöre es dazu. Meine Philosophie lautet also folgendermaßen: Unkraut nicht radikal entfernen. Lieber immer mal wieder ein bisschen.

Dazu brauchen Sie nicht einmal einen Unkrautvernichter. Wenn Sie regelmäßig jäten, können Sie das Unkraut einfach ausreißen. Wenn Sie nicht sicher sind, ob Sie ein Unkraut oder eine Kulturpflanze vor sich haben, einfach dran ziehen. Kommt die Pflanze leicht heraus, war es kein Unkraut – jedenfalls geht so ein alter Gärtnerwitz! Die beste Lösung ist natürlich, sich so gut über Pflanzen zu informieren, dass man den Unterschied kennt.

Einjährige Pflanzen kann man auf den Komposthaufen oder in die Biotonne tun. Mehrjährige Pflanzen – die jedes Jahr von Neuem aus der Erde kommen – müssen in den normalen Hausabfall, denn sonst haben Sie nächstes Jahr den gleichen Ärger; das kleinste Wurzelrestchen genügt, um sie weiterwachsen zu lassen.

Die Wahl des passenden Haustiers

Manchmal ist es ganz leicht, sich für ein neues Haustier zu entscheiden – entweder haben Sie oder andere Familienmitglieder bereits Erfahrung mit einer bestimmten Tierart, oder Sie schauen in einer Tierhandlung oder einem Tierheim vorbei und verlieben sich spontan. Manchmal jedoch ist es nicht ganz so einfach.

Egal ob Katze, Hund, Vogel, Reptil oder eine andere Tierart – wichtig ist, dass Sie zu dem Tier Ihrer Wahl ein gutes Verhältnis haben. Vielleicht verspricht Ihnen Ihr Kind, das Tier zu füttern, mit ihm Gassi zu gehen, Katzenklo, Stall oder Terrarium zu putzen – aber am Ende wird die meiste Arbeit doch an Ihnen hängen bleiben. Sie müssen bereit sein, für das Tier zu sorgen, in kranken und gesunden Tagen. Wenn Sie sich dazu nicht in der Lage fühlen: Hände weg! Auch wenn Ihre Kinder noch so sehr um ein Haustier betteln.

Folgendes ist bei der Anschaffung eines Haustiers zu beachten:

* Wie schnell wird das Haustier stubenrein? Wenn man Kinder hat, ist es manchmal besser, kein junges Kätzchen oder Hündchen zu kaufen, das man selbst erziehen muss. Entscheiden Sie sich lieber für ein älteres Tier, das bereits stubenrein ist.
* Besteht ein Allergierisiko? Klären Sie, ob Ihre Kinder gegen Tierhaare allergisch sind, bevor Sie sich ein Haustier anschaffen. Es wäre für Sie und Ihre Kinder schwer, wenn Sie das Tier nach kurzer Zeit zurückgeben müssten, weil ein Familienmitglied krank wird.
* Wie viel Zeit können Sie dem Tier widmen? Mit Hunden muss man regelmäßig spazieren gehen – Katzen sind da wesentlich unkomplizierter. Und der Traum aller vielbeschäftigten Eltern/Großeltern sind Fische!
* Egal, auf welches Haustier Ihre Wahl schließlich fällt – wenn Sie sich ein richtiges »Familien«-Haustier wünschen (das sanft, treu und anhänglich ist), müssen Sie das Tier auch wie ein Familienmitglied behandeln und ihm die liebevolle Erziehung und Pflege angedeihen lassen, die es verdient. Es reicht nicht, »den Kindern ein Tier anzuschaffen«. Ein Haustier ist kein zeitweiliger Spielgefährte für Kinder, sondern über viele Jahre hinweg ein Familienmitglied, dessen Wohlergehen von Ihnen und Ihrer Familie abhängt.

Die Kinder in die Pflege des Haustiers mit einbeziehen

Wenn Sie Ihrem Kind erlauben, für ein Haustier zu sorgen, erlernt es Verantwortung und bekommt Vertrauen in seine eigene Leistungsfähigkeit. Sie sollten Aufgaben auswählen, die dem Alter des Kindes angemessen sind. Selbst ganz kleine Kinder können zum Beispiel mithelfen, ein neues Spielzeug für das Tier auszusuchen oder ihm die Futterschüssel hinzustellen.

Wie man mit einem Haustier richtig umgeht, lernt Ihr Kind am besten, wenn Sie ihm ein Vorbild sind.

* Geben Sie acht, dass Ihre Kinder das Tier nie am Schwanz oder an den Ohren ziehen. Dass sie das Tier nie quälen, schlagen oder hetzen. Und dass sie ihm niemals die Finger ins Maul stecken.
* Zeigen Sie Ihren Kindern, wie man das Tier auf den Arm nimmt und streichelt, ohne es zu ärgern. Und bringen Sie den Kindern bei, sich jedes Mal die Hände zu waschen, wenn sie das Tier angefasst haben.
* Sie sollten Ihre Kinder bei der Erziehung des Haustiers mitwirken lassen. So wird nicht nur Ihr Haustier besser erzogen, sondern Ihre Kinder lernen auch, human mit Tieren umzugehen und sich mit Tieren zu verständigen. Außerdem erleichtert es *Ihren* Alltag!

* Wenn Sie ein Tier haben, das regelmäßig Bewegung braucht, muss Ihnen klar sein, dass dies Tag für Tag nötig ist, egal, wie das Wetter ist oder wie beschäftigt Sie sind. Bedenken Sie bitte auch, dass Ihr Hund, wenn er ein Bedürfnis verspürt, es nur für kurze Zeit zurückhalten kann, bevor es eine Bescherung gibt.

Welpen – Verhalten und Erziehung

Wenn Sie sich ein Hündchen oder einen Hund anschaffen, ist die erste Woche entscheidend. Das Wichtigste ist, dass sich die ganze Familie einig ist, zu welchen Zeiten man ihn Gassi führt, welche Regeln gelten und wer für was zuständig ist. Wenn ausgemacht war, dass das Hündchen in einer Kiste schläft und man es dann plötzlich mit ins Bett nimmt, gibt es nur Ärger.

Das Hundebaby wurde von seiner Mutter und seinen Geschwistern getrennt und fühlt sich einsam und schutzlos. Jetzt braucht es Geborgenheit und einen geregelten Tagesablauf. Bedecken Sie den Boden des »Hundezimmers« mit Zeitungen und stellen Sie in eine Ecke je einen Napf mit Futter und Wasser. Verteilen Sie Hundespielzeug aus Stoff im Raum. Wenn Sie mit dem Familienzuwachs spielen, tun Sie dies ruhig und sanft, und wenn das Hündchen müde wird, lassen Sie es schlafen. Welpen brauchen, genau wie menschliche Babys, viel Schlaf.

Falls es Ihr erstes Hündchen ist, holen Sie sich Rat

beim ehemaligen Besitzer, beim Tierheim oder bei irgendeinem vertrauenswürdigen Hundehalter, der ein wohlerzogenes Tier hat. Ziehen Sie unbedingt auch eine professionelle Hundeschule in Betracht, wenn Sie nicht hundertprozentig sicher sind, dass Sie es selber schaffen.

Falls Sie kleine Kinder haben und sich einen erwachsenen Hund anschaffen wollen, ist es vermutlich sicherer, ein Tier zu wählen, das noch keine schlechten Erfahrungen mit Menschen gemacht hat. Ein seelisch ausgeglichener, freundlicher, ruhiger Hund wird Ihnen und Ihren Kindern ein liebevoller und treuer Begleiter sein. Sofern dies möglich ist, fragen Sie den früheren Besitzer nach den bisherigen Gassi- und Fütterungszeiten.

Putzen und Säubern

Wenn man Haustiere hat, gibt es immer etwas wegzuräumen oder zu putzen – bei manchen Tieren mehr, bei manchen weniger. Hier ein paar grundlegende Tipps:

* Aquarium – bei der Frage, wie häufig man das Wasser des Aquariums wechseln sollte, scheiden sich die Geister. Da ein kompletter Wasserwechsel für Fische bekanntlich großen Stress bedeutet, empfiehlt es sich, alle zwei bis drei Wochen maximal 20 % des Wassers auszutauschen.

* Wenn Sie Hunde und Katzen regelmäßig bürsten (und Hunde noch dazu regelmäßig baden), verlieren sie weniger Haare im Haus.
* Um Tierhaare von Polstern zu entfernen, benutzen Sie am besten eine Fusselbürste – die passt in jede Tasche, wenn man unterwegs mal Hundehaare von Autositzen entfernen muss.
* Gewöhnen Sie junge Hunde und Katzen so bald wie möglich an eine mit Streu gefüllte Tiertoilette – je eher die Tiere lernen, ihre Toilette zu benutzen, desto eher können Sie sich entspannt zurücklehnen und müssen nicht mehr ständig befürchten, dass Teppiche und Möbel verschmutzt werden.
* Wenn Sie Ihren Hund Gassi führen, nehmen Sie bitte immer Plastiktüten für die Häufchen mit, die er unterwegs setzt.

Möbel vor Haustieren schützen

Wenn Sie Katzen oder Hunde haben, ist es fast unvermeidlich, dass Ihre Polstermöbel ein paar Kratzer abbekommen – besonders bei Katzen. Da Katzen Raubtiere sind, ist es ganz normal, dass sie ihre Krallen schärfen; Sie werden ihnen diesen instinktiven Drang nicht abgewöhnen können. Am besten schaffen Sie Ihrer Katze einen Kratzbaum an, das lenkt sie von den Möbeln ab. Katzen hassen das Aroma von Bitterorange- oder Bitterapfelspray. Wenn Sie den Geruch ertragen, sprühen

Sie einfach kurz Sofas und Sessel damit ein, das könnte ebenfalls helfen.

Wenn Ihr Haustier stirbt

Der Verlust eines Haustiers ist für viele Kinder die erste Erfahrung mit dem Tod. Vielleicht macht das Kind sich selbst oder seinen Eltern Vorwürfe, weil das Tier nicht gerettet werden konnte. Vielleicht ist ein Kind sehr traurig und hat Schuldgefühle, vielleicht hat es Angst, auch geliebte *Menschen* zu verlieren.

Machen Sie Ihrem Kind nicht weis, das Tier sei nur davongelaufen. Ihr Kind würde ständig auf seine Rückkehr warten – und sich verraten fühlen, wenn es irgendwann die Wahrheit entdeckt. Lassen Sie sich Ihren Kummer ruhig anmerken. So weiß Ihr Kind, dass es völlig okay ist, traurig zu sein, und wird mit seiner eigenen Trauer besser fertig.

Ratschläge zur Kindererziehung

Reden und Zuhören

Manchmal passiert es Eltern, dass sie ihre Kinder drängen »Beeil dich!« und »Mach schnell!« oder dass sie sagen »Lass mich in Ruhe, ich bin beschäftigt«. Manchmal ist das tatsächlich berechtigt, meist jedoch geschieht es aus Gewohnheit. Wenn Sie nicht mit Ihrem Kind reden können, weil Sie zu tun haben, sagen Sie einfach: »Tut mir leid, aber ich bin gerade beschäftigt. Können wir reden, wenn ich fertig bin? Es dauert nicht lange.«

Kindern wird leicht langweilig. Vor allem, wenn Sie ein Telefonat führen oder Zahlen addieren oder die Zutaten für ein Rezept abwiegen – mit einem Wort, wenn Sie sich nicht mit *ihnen* beschäftigen. Irgendwann unterbrechen die Kinder Sie dann, und Sie sagen ärgerlich: »Siehst du denn nicht, dass ich zu tun habe?«

Wenn nicht gerade das Haus abbrennt, brauchen Sie auf den Wunsch des Kindes nicht sofort einzugehen. Andererseits soll sich Ihr Kind ja auch nicht vernachlässigt fühlen. Deshalb müssen Sie ihm in einer solchen Situation erklären, wann und wo das Gespräch stattfinden kann. Und wenn es so weit ist, sollten Sie sich in Ruhe mit Ihrem Kind zusammensetzen und sich aufmerksam anhören, was es zu sagen hat.

Nicht immer Nein sagen

Vor langer Zeit, als meine Kinder noch klein waren, warnte mich einmal eine ältere Frau davor, immer automatisch Nein zu sagen. Wenn ein Wunsch des Kindes nicht gegen meine Erziehungsprinzipien verstoße oder sonst in irgendeiner Weise fragwürdig sei, solle ich zu meinen Kindern immer Ja sagen, weil es sie glücklich mache. Und es gebe ja immer noch genug Anlässe, wo ich Nein sagen *müsse*. Dies war ein guter Rat, und ich gebe ihn hiermit weiter. Das heißt aber nicht, dass man sein Kind zu sehr verwöhnen soll – was einem ja allzu leicht passiert!

Disziplin

»Wer sein Kind liebt, der züchtigt es« ist eine dieser Redewendungen, die eine sehr lange Geschichte haben. Manche sagen, sie gehe sogar auf die Sprüche Salomos zurück. Ihre Bedeutung ist die, dass Kinder missraten, wenn man sie für Fehler nicht bestraft.

Ein Kind mit Schlägen zu bestrafen, ist heutzutage absolut inakzeptabel. Außerdem gibt es viel wirksamere Methoden, um ein Kind zu bestrafen – und zwar seinem Alter angemessen. Ein Kleinkind oder Vorschulkind unter fünf Jahren könnte man auf »die Stufe für unartige Kinder« setzen. Wer keine Treppe in der Wohnung hat, nimmt z.B. einen Stuhl. Für jedes Lebensjahr eine Minute auf der Treppenstufe / dem Stuhl scheint angemessen. Fünf Minuten wären ausreichend für die nächste Altersgruppe. Falls das Kind seinen Platz verlässt, muss man es ruhig und energisch wieder zurückführen.

Bei älteren Kindern, die sich schlecht betragen haben, nutzt es vielleicht, wenn man ihnen bestimmte Dinge wegnimmt – Handys, Videospiele, Fernseher, MP3-, CD- oder DVD-Player. Das wird sie natürlich nicht freuen, aber vielleicht lernen sie auf diese Weise, dass ihr Verhalten Konsequenzen hat.

Wenn man seine Kinder/Enkel in Verlegenheit bringt

Auch wenn Sie sich noch so bemühen, irgendwann in Ihrem Leben kommt der Moment, wo Sie Ihre Kinder oder Enkel in Verlegenheit bringen werden, und vielleicht passiert dies sogar viele Male.

Sehr kleine Kinder bringen einem blinde Bewunderung entgegen. Doch wenn sie dann älter werden und sich über die Reaktionen »der anderen« Gedanken machen, finden sie das Verhalten von Erwachsenen oft superpeinlich. Nehmen Sie das bitte nicht persönlich! Es gibt einen Grund, warum Teenager oft bockig sind und ihre Eltern ablehnen. Das ist eine Phase, die vorübergeht. Im Nu sind sie erwachsen und bringen nun ihre eigenen Kinder in Verlegenheit.

Kleine Kinder, kleine Sorgen

Eltern bleiben immer Eltern, egal, wie alt die Kinder sind. Aber wie hat meine Mutter immer gesagt? »Kleine Kinder, kleine Sorgen; große Kinder, große Sorgen.«

Die Probleme kleiner Kinder lassen sich meist leicht lösen, doch wenn die Kinder älter werden, werden die Probleme komplexer und lassen sich oft nicht mehr einfach wegküssen. Und wenn Ihre Kinder schließlich selbst eine Familie gründen, wird von Ihnen nicht nur weiterhin Hilfe erwartet, sondern Sie tragen jetzt auch die Verantwortung für die Enkelkinder und *deren* Probleme – manchmal zusätzlich zur Verantwortung, die Sie mittlerweile für Ihre eigenen alten Eltern tragen.

Für die Zeit, wenn meine Kinder flügge sein würden, hatte ich mir immer eine Phase der Normalität erhofft, bevor die Sorge um meine eigenen Eltern beginnen würde. Doch es kam anders, und bei Gesprächen mit anderen Menschen wurde mir klar, dass dies meistens der Fall ist. Doch bei allen Problemen wächst auch das Bewusstsein, wie wichtig es ist, dass sich mehrere Generationen gegenseitig mit Rat und Tat unterstützen.

Solidarität

Meinen Kindern ist es nie gelungen, einen Elternteil gegen den anderen auszuspielen, weil wir stets (zumindest öffentlich) eine Front bildeten. Natürlich haben sie es versucht. Oft sogar. Aber sie haben es nie geschafft. Egal, ob die Eltern zusammen oder getrennt leben, sie sollten immer am gleichen Strang ziehen. Und Großeltern auch!

Die Zeiten ändern sich

Wenn ich früher einmal meine kleinen Töchter aus irgendeinem Grund nicht von der Schule abholen konnte, gab es eine Reihe von Freundinnen, die ich bitten konnte, für mich einzuspringen. Natürlich revanchierte ich mich dann, wenn sie mal verhindert waren.

In all den Jahren stellte in der Schule niemand Fragen, musste ich nie vorher meine Erlaubnis geben, wenn jemand meine Töchter abholen wollte. Die Kinder wurden Personen übergeben, die den Lehrern völlig fremd waren. Doch als ich einmal meine Enkelin von der Schule abholen wollte, musste ich quasi beweisen, dass ich keine Kidnapperin – oder Schlimmeres – bin.

Es kann immer einmal vorkommen, dass Sie Ihr Kind nicht persönlich von der Schule oder einer Freizeitaktivität abholen können. Deshalb sollten Sie immer rechtzeitig dafür sorgen, dass eine Freundin, ein Freund oder ein Familienmitglied für Sie einspringt. Und informieren Sie stets die Schule, um Missverständnisse zu vermeiden!

Kinder sichtlich bevorzugen

Manche Leute behaupten, sie hätten ihre Kinder oder Enkel alle »gleich lieb«. In Wirklichkeit lieben wir unsere Kinder zwar alle gleich stark, aber oft auf sehr unterschiedliche Weise.

Dies heißt aber nicht, dass man ein Kind dem anderen vorziehen darf. Wenn ein Kind spürt, dass alles, was es tut, nicht gut genug ist und man nie mit ihm zufrieden ist, wird es sich abkapseln und zurückziehen.

Sie müssen Ihre Kinder genau kennenlernen und ein Gefühl dafür entwickeln, wann ein Kind sein Bestes gibt – und wenn dies der Fall ist, spielt es keine Rolle, ob seine Leistung besser oder schlechter ist als die seiner Geschwister. Loben Sie ein Kind, wenn es seine Sache gut gemacht hat. Zeigen Sie ihm Ihr Missfallen, wenn es sich nicht anstrengt. Beurteilen Sie seine Leistung aber niemals, indem Sie sie mit der Leistung anderer

Kinder vergleichen! Das Leben soll kein Konkurrenzkampf sein.

Mit Wut umgehen

Jeder Mensch wird einmal wütend. Wie sich die Wut äußert, hängt allerdings von der jeweiligen Persönlichkeit und Situation ab.

Man sollte auf jeden Fall vermeiden zu schreien. Ein Kind anzuschreien ist völlig sinnlos. Das bringt Kinder nur noch mehr auf. Da ich leicht die Nerven verliere, habe ich meine Kinder früher ziemlich oft angebrüllt, aber meiner Erfahrung nach funktionieren andere Methoden weit besser.

Überschreitet ein Kind die Grenzen, die Sie ihm gesetzt haben, oder benimmt es sich sehr ungezogen, sollten Sie sagen: »Momentan bin ich zu wütend, um das mit dir zu besprechen. Lass mir ein paar Minuten Zeit« – oder etwas Ähnliches. Das ist klüger, als die Nerven zu verlieren. Aber wenn Sie das gesagt haben, müssen Sie sich auch daran halten und nach einer Weile wirklich mit dem Kind reden. Und falls Ihr Kind seinerseits wütend und enttäuscht ist, sollten Sie es erst ein wenig beruhigen, bevor Sie die Situation mit ihm besprechen.

Wenn Sie Ihre Wut aber grundsätzlich hinunterschlucken und sich jede Bemerkung verkneifen, denkt das Kind, Sie lassen ihm alles durchgehen. Deshalb ist es das Beste, über den Vorfall zu reden, sobald Sie oder Ihr Kind wieder ruhiger geworden sind.

Gute Manieren

Ein Kind mit guten Manieren lässt nicht nur Rückschlüsse auf seine Eltern zu, sondern ist auch fürs Leben besser ausgerüstet. Wenn Sie Ihren Kindern Manieren beibringen, statten Sie sie mit einem Rüstzeug fürs ganze Leben aus. Hier gilt das alte Sprichwort »Was du nicht willst, das man dir tu …«. Wenn Ihre Kinder zum Beispiel lernen sollen, anderen Menschen mit Respekt zu begegnen, klappt das am besten dadurch, dass Sie Ihren Kindern mit Respekt begegnen. Kinder lernen durch Vorbilder.

Die meisten Eltern schwören, dass es Dinge gibt, die sie zu ihren Kindern niemals sagen würden. Und doch halten sich manche Phrasen zäh über die Generationen hinweg. Nehmen wir an, Sie bitten Ihr Kind, etwas zu tun, und es antwortet: »Warum?« Dann lautet die Erwiderung doch meist: »Weil ich es dir sage!« Was ist denn das für eine Antwort? Es ist eine sehr simple Antwort, weil Sie dem Kind nichts zu erklären brauchen. Doch diese Antwort hat nur bei ganz kleinen Kindern Sinn, die Argumente noch nicht begreifen. Alle anderen Kinder verdienen eine Erklärung.

»Bitte«, »Danke«, »Entschuldigung« und »Es tut mir leid« zählen auch heutzutage zum unverzichtbaren Vokabular. Es kostet nicht viel Zeit, diese Worte auszusprechen, aber sie machen das Leben angenehmer.

»Könntest du bitte etwas weniger Lärm machen?« oder »Könntest du bitte etwas leiser sein?« klingt viel schöner als »Hör sofort mit diesem Krach auf!« und wird vermutlich mehr Wirkung zeigen. »Kann ich bitte das … haben?« hört sich auch besser an als »Gib mir …«

Ebenso klingt »Entschuldige bitte« oder »Darf ich bitte mal durch?« weit weniger aggressiv als »Weg da!«.

Wenn Sie sich entschuldigen wollen, sollten Sie es wirklich ernst meinen und nicht nur Lippenbekenntnisse ablegen.

Wenn jemand Sie mit einer Äußerung oder Handlung kränkt, ist es besser, sich auf die Zunge zu beißen oder erst mal innerlich bis zehn zu zählen, bevor man eine scharfe Bemerkung macht. Aber natürlich gibt es gewisse Umstände, unter denen man unbedingt etwas sagen muss – und glauben Sie mir: Die Kunst, dies richtig auszudrücken, lernt man nur durch Erfahrung.

Es ist auch gut, Kindern höfliche Umgangsformen am Telefon beizubringen. Sich am Telefon mit Namen zu melden, ist eine gute Angewohnheit, die Sie an Ihre Kinder weitergeben können.

Sich bedanken

Als Kind wurde mir beigebracht, dass man sich für Geschenke schriftlich bedankt. Und auch meine Kinder haben das gelernt.

Auch wenn die Zeiten sich ändern, gute Manieren ändern sich nicht. Es ist inakzeptabel, sich mit einer SMS oder E-Mail zu bedanken. Man sollte sich unbedingt die Zeit nehmen, ein Brieflein oder eine Postkarte zu schreiben – so drückt man aus, dass man für das mit Liebe und Bedacht ausgesuchte Geschenk dankbar ist und sich darüber freut.

Gar nicht zu reagieren, ist eine grobe Unhöflichkeit und kann dazu führen, dass die betreffende Person Ihnen nie wieder ein Geschenk schickt. Warum auch, wenn es Ihnen offenbar so wenig bedeutet?

Geschenke schicken und erhalten

Nichts kommt an ein Geschenk heran, das jemand, den Sie lieben, selbst für Sie gemacht hat. Es geht nicht um den materiellen Wert des Geschenks. Die schönsten Geschenke sind Bilder, die die Kinder für Sie gemalt haben, Karten, die sie gebastelt haben, Steine, die sie angemalt haben, und Dinge, die sie selbst getöpfert haben, ganz egal ob sie missraten oder wunderbar gelungen sind. Auch wenn es ein Klischee ist, es bleibt wahr: Ein Geschenk, das von Herzen kommt, bedeutet unendlich viel mehr als alles, was man für Geld kaufen kann.

Bettgehzeit

Kinder brauchen eine bestimmte Bettgehzeit und ein festes Ritual, aber manchmal ist es schwierig, eine Regelung zu finden, die zuverlässig funktioniert. Das variiert nicht nur von Familie zu Familie – es kann auch innerhalb einer Familie von Kind zu Kind total verschieden sein. Aber es *muss* eine Regelung gefunden werden, damit die Kinder ihren Schlaf bekommen.

Abendessen, Waschen und Zähneputzen, Schlafanzug anziehen – es empfiehlt sich auf jeden Fall, dafür konkrete Zeiten anzusetzen. Aber verzweifeln Sie nicht, wenn es nicht nach Plan läuft. Ein Trick, der bei kleinen Kindern funktionieren kann: Lassen Sie das Kind erst seine Lieblingsstofftiere zu Bett bringen, bevor es sich selbst dazulegt.

Große Freude macht es Kindern auch, wenn sie abends eine Gutenacht-Geschichte vorgelesen bekommen. Dies fördert nicht nur die Einschlafbereitschaft, sondern kommt auch der Sprachentwicklung Ihres Kindes sehr zugute. Man kann auch mit dem Kind zusammen ein Abendlied singen oder es dem Kind vorsingen.

Wichtig: Circa zwei Stunden vor dem Zubettgehen

keine aufregenden Fernsehsendungen oder Computerspiele etc. mehr. Sonst ist das Kind innerlich so »aufgedreht«, dass an Schlafen nicht zu denken ist.

Wenn Kinder abends partout nicht müde sind, könnte es auch daran liegen, dass sie sich noch nicht genügend austoben konnten. Oft verbringen Kinder nachmittags viel Zeit sitzend vor dem Computer oder bei den Hausaufgaben. Man könnte den Kindern also die Möglichkeit bieten, sich auszutoben – etwa durch Seilhüpfen, Trampolinspringen oder ähnliche Aktivitäten. Aber nicht zu kurz vor dem Schlafengehen, weil auch dies die Kinder zu sehr »aufputscht«.

Für den Fall, dass all diese Tipps versagen, kommt hier noch eine unkonventionelle Methode, die bei jüngeren Kindern durchaus helfen kann: Sagen Sie dem Kind abends, dass Sie jetzt nur noch eine bestimmte Zeit lang bereit sind, es ins Bett zu bringen (zum Beispiel genau dreißig Minuten, oder genau zwanzig Minuten). Wenn diese Zeit um ist, tun Sie einfach so, als sei das Kind bereits schlafen gegangen. Das Kind kann also im Prinzip so lange aufbleiben, wie es will, muss sich dann aber ganz alleine fertig machen. Es könnte sein, dass dies für das Kind erst einmal interessant ist – wenn Sie aber ein schönes Zu-Bett-Geh-Ritual haben, wird das Kind sich danach zurücksehnen. Einen Versuch könnte dies, in ganz »aussichtslosen« Fällen, jedenfalls wert sein. Wichtig ist, dass das Abendritual immer gleich abläuft – Zähneputzen, Vorlesen, Abendlied, Gutenachtkuss und so weiter.

Bei ängstlichen Kindern, die sich im Dunkeln fürchten, kann ein kleines Nachtlicht helfen, oder man lässt die Tür angelehnt.

Im Lauf der Zeit werden Sie und Ihr Kind schon einen Ablauf finden, mit dem sich leben lässt. Und je älter die Kinder werden, desto eher können sie sich zu einer akzeptablen Zeit auch selbst fertig machen. Ich muss sagen, dass ich mich immer sehr gefreut habe, wenn eine meiner Töchter im Teenageralter abends zu einer moderaten Zeit vom Sofa aufstand und verkündete: »Ich geh jetzt schlafen. Gute Nacht!«

Sicherheitsvorkehrungen

Für die Sicherheit ihrer Kinder zu sorgen, ist eine der wichtigsten Aufgaben, die Eltern haben. Ganz kann man leider nicht verhindern, dass Kinder sich immer wieder mal verletzen, aber zumindest kann man versuchen, die Gefahrenquellen rechtzeitig zu erkennen und auszuschalten. Sollte das Undenkbare passieren und Ihr Kind eine körperliche oder seelische Verletzung erleiden, gehen Sie mit der Situation bitte so ruhig wie möglich um: Dann merken Ihre Kinder, dass dies nicht das Ende der Welt ist und irgendwann vorbeigehen wird.

Kinder zum Essen motivieren

Machen Sie Ihr Kind so früh wie möglich mit einer großen Auswahl von Gerichten vertraut. Ich erinnere mich noch, wie meine erste Tochter schon vor dem Zahnen auf einem Steak herumkaute. Und ich weiß noch, wie gut meinen Mädchen die ausländischen Rezepte schmeckten – ziemlich scharfe indische Currys und (für junge Gaumen) doch sehr exotisch gewürzte chinesische Gerichte.

Wenn Ihr Kind von irgendeinem Gericht nicht sonderlich beeindruckt war, versuchen Sie nächstes Mal einfach eine andere Variante. Manche Kinder verschmähen Pasta, Reis, Hühnchen mit Knochen, jegliche Art von Fisch, alle grünen Gemüse und Salate, Säfte mit »Stückchen« drin, jegliches Obst. Die meisten Kinder sind beim Essen mäklig. Doch sollten Sie keinesfalls den Esstisch zum Schlachtfeld machen! Wenn ein Kind etwas von vornherein ablehnt, bitten Sie es, wenigstens einen kleinen Happen zu versuchen. Manchmal sind Kinder angenehm überrascht. Manchmal schmeckt es ihnen tatsächlich nicht. Dann sagen Sie einfach: »Gut, lass es liegen.« Es sind ja sicher noch genügend andere Dinge auf dem Teller, die das Kind schmackhafter findet.

Bitte erwarten Sie nicht, dass Ihr Kind immer das Gleiche mag. Der Satz »Aber das hat dir letzte Woche doch *so gut* geschmeckt!« hilft nichts. Und auch mit

Logik kommen Sie kaum weiter. Dass ein Kind gern rohe Tomaten isst, heißt noch lange nicht, dass es auch Tomatensoße mag oder Tomatenscheiben im Salat.

Und last but not least, erwarten Sie nicht, dass all Ihre Kinder die gleichen Vorlieben haben. Andererseits sollten Sie aber auch nicht in die gleiche Falle tappen wie eine bedauernswerte Bekannte von mir: Wenn ihre erwachsenen Kinder sonntags zum Mittagessen kommen, kocht sie mindestens drei verschiedene Kartoffelgerichte, weil ein Kind Püree will, das zweite Bratkartoffeln und so weiter … Eine andere Bekannte bietet ihren Kindern Hühnchen, Rinds- und Schweinebraten zur Auswahl an. Falls Ihre Kinder so unterschiedliche Vorlieben haben, müssen Sie in Kauf nehmen, dass es ab und zu lange Gesichter gibt, sonst machen Sie sich kaputt.

Die Wahrheit sagen und zurechtbiegen

Vermutlich wünschen wir uns alle, dass unsere Kinder ehrlich sind. Dennoch: Selbst wenn wir persönlich ehrliche Menschen sind, so lügen wir doch gelegentlich, oder zumindest lassen wir einen Teil der Wahrheit weg. Warum lügen Kinder? Aus dem gleichen Grund wie Erwachsene – meist, um Tadel oder Strafe zu vermeiden, oder, bei älteren Kindern, um unangenehmen oder peinlichen Diskussionen auszuweichen. Manchmal lügen Kinder auch, damit die Eltern nicht von ihnen enttäuscht sind. Ich habe mal gelesen, dass Kinder desto früher und überzeugender zu lügen beginnen, je intelligenter sie sind. Auch Eltern lügen manchmal – was ihre Gefühle, ihre Motive betrifft etc. Und *wir* sind es, die den Kindern das Lügen beibringen, direkt oder stillschweigend, ohne Worte. Manchmal, wenn die Kinder unsere Geheimnisse ausplaudern, *wünschen* wir uns sogar, sie würden lügen!

Es gibt keine Möglichkeit, unsere Kinder am Lügen zu hindern. Aber sie (und wir) können lernen, wie sich eine »Notlüge aus Taktgründen« von einer Lüge aus unguten Motiven unterscheidet.

Übrigens: Lügen Sie Ihre Kinder nie an, wenn es um eine schmerzhafte oder unangenehme Prozedur geht. Behaupten Sie niemals, eine Injektion oder das Vernähen einer Wunde werde nicht wehtun; machen Sie den Kindern niemals weis, Sie hätten etwas Schönes mit ihnen vor, wenn es in Wirklichkeit zum Arzt oder Zahnarzt geht. Ihre Kinder würden Ihnen nie mehr vertrauen.

Mobbing

Mobbing ist schon immer weit verbreitet gewesen, doch ich persönlich habe damit noch nie Erfahrungen machen müssen.

In der Londoner Grundschule meiner ältesten Enkelin gab es eine Anti-Mobbing-Kampagne, und meine

Enkelin wurde zu einer der Vertrauensschülerinnen gewählt. Wenn nun ein Kind Probleme hatte, konnte es sich an einen gleichaltrigen Vertrauensschüler wenden, statt einen mobbenden Mitschüler beim Lehrer »verpetzen« zu müssen.

Dieses Konzept funktionierte offenbar gut, und eines Tages wurden die Kinder belohnt: Die Queen besuchte die Schule, um mit den gewählten Vertrauensschülern zu sprechen. Sie ging auf meine Enkelin zu und sagte: »Wie nett von dir, dass du auf deine Freizeit verzichtest, um anderen Kindern zu helfen.« Meine Enkelin ist normalerweise nicht auf den Mund gefallen, aber jetzt blieb ihr einen Moment lang die Sprache weg, und sie brachte nur hervor: »Ist schon okay!« Ich weiß, dass diese Aufgabe – anderen Kindern gegen mobbende Mitschüler beizustehen – für sie und die anderen Vertrauensschüler eine wertvolle Erfahrung bedeutet. Und die Opfer erhalten ein Forum, in dem sie ohne Angst davon erzählen können, was sie durchmachen. Ich hoffe, dass diese Einrichtung im wahrsten Sinn des Wortes »Schule macht«.

Familie und Alltag

Persönliche Beziehungen

Die Familie kann der Ort sein, an dem man am meisten Kraft tankt und die größte Unterstützung findet, aber sie kann einem auch endlose Kopfschmerzen bereiten! Dieser Abschnitt bietet Ihnen ein paar simple Ratschläge, mit denen Sie eventuell besser durch schwierige Zeiten kommen.

Ein neues Geschwisterchen/Rivalität

Oft reagiert ein Kind auf ein Geschwisterchen spontan mit Freude und Neugierde. Doch manchmal kommt auch Eifersucht ins Spiel – eine völlig normale Regung –, und das Erstgeborene grollt dem Neuankömmling. Versuchen Sie, das ältere Kind in die Ankunft des Geschwisterchens mit einzubeziehen, und geben Sie ihm das Gefühl, dass es bei dem aufregenden Ereignis nicht am Rand steht, sondern eine ganz wichtige Rolle spielt.

Wenn Ihre Kinder älter werden, vor allem, wenn sie ins Teenageralter kommen, kann es schon passieren, dass sie öfter mal heftig aneinandergeraten. Keine Familie ist wie die andere, aber es ist wohl das Klügste, wenn die Kinder ihre Differenzen unter sich austragen, vorausgesetzt, sie verletzen sich nicht gegenseitig. Meist legt sich so ein Streit ja rasch wieder. Besser, man lässt die Kinder das unter sich ausmachen, statt dazwischenzugehen. So kann sich kein Groll aufstauen, und die Kinder lernen, Konflikte selbst auszutragen.

Mit einer Scheidung umgehen

Die Scheidung ist schon für die betroffenen Erwachsenen traumatisch genug. Und wenn Kinder involviert sind, wird es noch schlimmer.

Wenn Eltern sich scheiden lassen, empfinden Kinder manchmal hilflose Wut – gegenüber einem oder beiden Elternteilen. Die Kinder denken vielleicht, dass sie auf irgendeine Weise an der Trennung schuld sind. Womöglich werden sie durch die Umstände gezwungen, aus der bisherigen Wohnung auszuziehen, vielleicht sogar in eine andere Stadt oder ein anderes Land.

In einer idealen Welt würden die Eltern auch weiterhin noch miteinander reden und hätten beide Zugang zu den Kindern. In der Realität allerdings herrscht oft Groll. Aber es ist absolut unumgänglich, dass die Kinder in dieser Situation an erster Stelle stehen – die Kinder müssen wissen, dass die Trennung nicht *ihre* Schuld ist und dass Mami und Papi sie immer noch genauso lieb haben wie bisher. Wenn die Kinder mitbekommen, dass Sie streiten, trägt das nur zu ihrer Verwirrung und Verletzung bei. Führen Sie Streitgespräche also stets außer Hörweite des Nachwuchses.

Großmutter und Großvater sein

Mutter und Vater zu sein ist nicht leicht, weil einem niemand sagen kann, wie man es richtig macht. Und ebenso wenig kann einem jemand sagen, was gute Großeltern ausmacht. Es hängt ganz von Ihrer Persönlichkeit ab, wie Sie mit Ihren Enkeln umgehen werden, aber hier wenigstens ein paar kleine Tipps:

* Wenn Sie die Enkel hüten, fragen Sie vorher die Eltern, was das Kind darf und was es nicht darf – und nach Schlafenszeiten, Allergien, Notfallnummern etc.
* Denken Sie daran, dass Sie die Kinder am Ende des Tages (oder nach dem Wochenende oder der Ferienwoche) wieder den Eltern übergeben. Bemühen Sie sich also so weit wie möglich, sich an die herrschenden Regeln zu halten, um das Kind nicht zu verwirren.
* Großeltern haben oft eine ganz besondere Beziehung zu ihren Enkeln und empfinden für sie die gleiche bedingungslose Liebe wie ein Vater oder eine Mutter – und genau dieser bedingungslosen Liebe wegen sind Sie ja so wunderbare Großeltern und ist es so wunderbar, Großmutter und Großvater zu sein.

Familientreffen

Urlaub und Reisen

Urlaub kann alles andere als schön und entspannt sein, sondern im Gegenteil manchmal sehr stressig – vor allem dann, wenn Sie Ihre Familie besuchen oder mit Ihrer Familie einen neuen Urlaubsort ausprobieren. Ich habe gewaltigen Respekt vor Familien, die endlos Zeit auf Flughäfen und in Flugzeugen verbringen, um in Urlaub zu fahren. Wenn sie die Eltern, Großeltern oder sonstige Verwandte besuchen, kann ich es verstehen, ansonsten kommt es mir wie ein Albtraum vor. Kleinen Kindern Sehenswürdigkeiten im Ausland zu zeigen, hört sich vielleicht gut an, aber sie wären genauso glücklich, einfach mit Schaufel und Eimerchen am Strand zu sitzen. Wahrscheinlich erinnern sie sich später gar nicht mehr an die Reise und die Sehenswürdigkeiten.

Dagegen, dass Sie es für sich selbst tun und nicht in erster Linie für die Kinder, ist ja nichts einzuwenden – aber vielleicht wäre es dann besser, die Kinder in guter Obhut zu lassen und allein zu verreisen.

Weihnachten

Ich habe diesen Abschnitt mit »Weihnachten« betitelt, aber er gilt auch für alle anderen Feiertage oder Familienfeste. In der »guten alten Zeit« konnte man drei Monate vor Weihnachten noch keine Lebkuchen und Nikoläuse kaufen. Diese Verlängerung der Weihnachtszeit birgt die Gefahr, dass die eigentliche Bedeutung dieses Festes verloren geht. Und ein Familienweihnachtsfest sollte keinesfalls unter dieser Kommerzialisierung leiden. Wenn man einige Tage – oder einige Wochen – mit der ganzen Familie verbringt, sind das natürlich nicht immer entspannte Ferientage. Und in manchen Fällen ist es für die Betreffenden besser, die Festtage nicht gemeinsam zu verbringen. Heutzutage ist es ja auch durchaus möglich, diese Anlässe gemeinsam mit Freunden zu feiern.

Geburtstage

Geburtstage können ein Anlass zum fröhlichen Feiern sein, vor allem für Kinder, aber nicht jeder genießt das, manche Menschen empfinden es sogar eher als Stress. Meist akzeptieren wir, dass Menschen sich voneinander unterscheiden; doch wenn jemand einmal »völlig untypisch« reagiert, sind wir verwirrt. Falls ein Mitglied Ihrer Familie oder Ihres Freundeskreises seinen Geburtstag nicht mit einer großen Party begehen möchte, finden Sie heraus, was der Betreffende sonst gerne unternehmen würde – oder vielleicht will er ja wirklich gar nichts unternehmen.

Hochzeiten und Bestattungen

Nichts bringt Verwandte und Freunde in so großer Zahl zusammen wie Hochzeiten und Bestattungen. Eine Hochzeit ist ein froher Anlass, sich zu treffen, eine Bestattung ein trauriger, aber manchmal lassen sich die Gefühle auch nicht ganz so strikt trennen.

Manche Mädchen planen ihre Hochzeit schon seit ihrem fünften Lebensjahr, und oft gestalten Hochzeiten sich nach den Vorstellungen der Braut. Dabei darf die Braut keinesfalls vergessen, dass sie zwar vielleicht den perfekten Ehemann für ihre Traumhochzeit gefunden hat, dass dieser Ehemann aber vielleicht andere Vorstellungen von einer Traumhochzeit hat als sie. Darum sollte man versuchen, die Wünsche und Hoffnungen der Partner zu kombinieren, damit es für beide ein wunderbarer Tag wird, nicht nur für einen.

Bestattungen sind natürlich sehr traurige, verstörende Anlässe. Es wird jedoch immer mehr Sitte, das *Leben* des geliebten Verstorbenen in den Mittelpunkt der Bestattungsfeier zu stellen, sodass die Trauergäste gemeinsam all des Guten gedenken können, das sie mit dem Verstorbenen verbinden. Dass man auf diese Weise das Leben eines Menschen würdigt, erscheint mir angemessener und respektvoller, als nur über seinen Tod zu trauern.

Erinnerungen festhalten

Fotografien

Oft wird der/die Erstgeborene bis zum Überdruss fotografiert – jedes Entwicklungsstadium des Babys wird durch Hunderte von Bildern dokumentiert (Digitalkameras leisten dem zusätzlich Vorschub). Wenn dann das zweite Kind zur Welt kommt, ist der Drang nicht mehr ganz so groß. Doch wenn Sie nicht das Leben all Ihrer Kinder in Bildern festhalten, werden Sie dies später bedauern. Darum sollten Sie für jedes Kind ein Fotoalbum anlegen. Dies ist nicht nur für Sie eine tolle Möglichkeit, sich später an jene herrlichen ersten Jahre zu erinnern – es bietet auch Ihren Kindern einen wunderbaren Rückblick auf eine Zeit, an die sie sich höchstwahrscheinlich nicht mehr bewusst erinnern werden.

Babybücher

Dasselbe gilt für Babybücher. In ein Babybuch gehören: Geburtsgewicht, Größe des Kindes und andere interessante Daten; die Haarlocke nach dem ersten Haarschnitt und noch ein paar andere Kleinigkeiten, zum Beispiel, wann das erste Zähnchen kam.

In dem Moment, wo all das aktuell geschieht, mag es Ihnen nicht so wichtig erscheinen, aber zwanzig, dreißig oder vierzig Jahre später werden Sie sich wünschen, Sie hätten ein Babybuch geführt.

Korrespondenz

Und dann gibt es Briefe und Postkarten, die Ihnen Ihre Kinder geschrieben haben, vom Schulausflug oder aus dem Ferienlager. Vermutlich haben Sie nichts davon aufbewahrt. Ich wünschte, ich hätte die Karte aufgehoben, die mir meine älteste Tochter gleich nach der Ankunft in einem Pfadfindercamp schickte. Sie wollte mir ein schlechtes Gewissen machen: »Es ist *grässlich* hier! Alle Mädchen sind so gemein zu mir. Das Essen schmeckt scheußlich, und die Zelte sind undicht. Holt mich sofort von hier weg!« Zwei Tage später erhielt ich eine Postkarte ganz anderen Inhalts; jetzt ging es nur noch um die tollen Unternehmungen und um ihre supernetten neuen Freundinnen. Ich hatte mir damals achtundvierzig Stunden lang Sorgen gemacht.

Schriftliche Mitteilungen Ihrer Kinder – egal in welchem Alter – sind wundervolle Familienandenken. Man kann später herzlich darüber lachen und sich manchmal sogar damit trösten.

Zeichnungen und Geschenke von Kindern

Kinder zeichnen und basteln gern. Unsere Enkel haben uns zahllose Geschenke gebastelt, die wir in Ehren halten. Wir besitzen Zeichnungen, bemalte Steine, Collagen aus Fotos und Glückwunschkarten, getöpferte Dinge und Frottagen – und als stolze Großeltern stellen wir all dies in der Wohnung auf. Ermutigen Sie Ihre Kinder zum Basteln, und machen Sie mit! Das wird die Kreativität der Kinder fördern, und Ihnen beschert es wunderbare Erinnerungen an jene zusammen verbrachten Momente.

Die eigenen Wurzeln finden

Meine Mutter war das jüngste von neun Kindern, ich habe also Unmengen von Cousinen und Cousins. Da ich viele seit meiner Kindheit nicht mehr gesehen hatte, beschloss ich eines Tages, sie zu besuchen oder zumindest mit jenen, die diesen Vorschlag gut fanden, einen E-Mail-Kontakt aufzubauen. Heute bin ich richtig froh, dass ich das gemacht habe. Zu wissen, dass man eine große Familie hat, wärmt das Herz.

Kein Wunder, dass die Ahnenkunde, die Genealogie, so populär geworden ist. Sie erzählt Ihnen sehr viel darüber, wer Sie sind und woher Sie und Ihre Familie kommen – und vielleicht ergeht es Ihnen so wie mir, und Sie entdecken neue Familienmitglieder, von deren Existenz Sie bisher gar nichts wussten.

Groll

Versuchen Sie, gegen niemanden Groll zu hegen. Es passiert immer wieder, dass einen Leute kränken oder wütend machen, aber wenn Sie an dieser Verletzung festhalten, tun Sie nur sich selber weh – nicht aber der Person, die Sie verletzt hat.

Wirtschaftlich haushalten

Natürlich kommt es einem lästig vor, ein Haushaltsbuch über Einkünfte und Ausgaben zu führen, aber es ist das Klügste, was Sie tun können. Es mag einem unnötig erscheinen, täglich alle Ausgaben zu notieren, aber auf lange Sicht erlaubt es Ihnen, Ihr Geld zusammenzuhalten – mit EC- und Kreditkarten passiert es einem ja so leicht, dass man etwas bezahlt und gleich wieder vergisst, wie viel man ausgegeben hat. Wenn Sie Ihre Ausgaben schriftlich notieren und sich bewusst machen, wofür Sie Geld ausgeben, werden Sie bald Möglichkeiten entdecken, wo Sie sparen können.

»Kein Borger sei und auch Verleiher nicht!«

Dies ist ein alter Shakespeare-Spruch, der jedoch bis heute aktuell ist – denn es handelt sich um einen äußerst weisen Rat.

Wir leben in einer Gesellschaft, in der es völlig akzeptabel ist, Geld auszugeben, das man nicht besitzt. Kreditkarten haben dieses Verhalten noch gefördert, aber es handelt sich hier um eine gefährliche Gewohnheit. Falls Sie eine Kreditkarte besitzen, versuchen Sie die Zahl von Transaktionen zu beschränken, die Sie im Lauf des Jahres damit abwickeln – vermeiden Sie aber auf jeden Fall steigende Zinsraten, und zahlen Sie Kredite möglichst rasch zurück.

Dasselbe gilt im privaten Bereich. Zwar hilft man gerne einmal einem Freund in Not, aber Geld verleihen kann zu Problemen führen. Wenn die betreffende Person das Geld nicht pünktlich zurückzahlt oder dazu vielleicht gar nicht imstande ist, belastet dies die beste Freundschaft. Falls Sie also in die Lage kommen, einem Freund Geld leihen zu wollen, sollten Sie die Konditionen genau besprechen und einen realistischen Termin vereinbaren, bis zu dem das ganze Geld zurückgezahlt sein muss.

Tipps, um Geld zu sparen

Wenn es finanziell eng wird, kann es schwierig sein, den Überblick zu behalten. Falls große Posten unvermeidlich sind oder man einfach nicht weiß, wie man sie einsparen soll, kann man bei kleineren Posten beginnen (die sich langsam zu größeren Beträgen summieren). Hier ein paar Vorschläge:

* Holen Sie sich Bücher und DVDs aus der Bibliothek – es kommt sehr selten vor, dass man sich ein Buch oder einen Film gleich noch einmal anschaut. Was spricht also dagegen, sie in der Bücherei zu leihen und auf diese Weise sehr viel Geld zu sparen? So schonen Sie nicht nur Ihren Geldbeutel, sondern unterstützen gleich noch die Gemeinde, in der Sie leben.
* Wenn Sie einen Raum gerade nicht benutzen, schalten Sie am besten alle Lampen aus, ebenso Heizlüfter, künstliche Kaminfeuer und ähnliche Stromfresser. Auch tropfende Wasserhähne und Duschköpfe können Unsummen verschlingen!
* Schließen Sie mit der Familie (und möglichst auch mit Freunden) einen Pakt darüber, wie viel Geld Geschenke kosten dürfen. Dies ist nicht nur eine finanzielle Erleichterung – es fördert auch kreative Ideen und bewussteres Schenken.
* Kaufen Sie keine Fertiggerichte mehr – es ist um

einiges preiswerter, selbst zu kochen. Und auch gesundheitlich profitieren Sie davon, denn die meisten Fertiggerichte enthalten weit mehr Salz und Fett als selbst zubereitete Speisen.

Nützliche Listen

Ich gestehe, ich bin ein unverbesserlicher Listenfan! Ich mache Einkaufslisten, Geburtstags- und Jubiläumslisten, Terminlisten, Listen von Dingen, die erledigt werden müssen, und noch einige mehr. Entweder bin ich eine obsessiv-zwanghafte Persönlichkeit oder perfekt organisiert; ich bin mir nicht sicher. Vielleicht beides. Hier ein paar Gründe, warum ich Listen führe:

Einkaufslisten

Da ich mir unmöglich merken kann, welche Vorräte ausgegangen sind, habe ich in meiner Küche eine Liste hängen. Hier notiere ich Frischprodukte, Lebensmittel, Haushaltsreiniger, Gesundheits- und Hygieneartikel. Alles auf einer Liste. Wenn ich etwas davon im Laden um die Ecke bekommen habe, streiche ich es aus; die übrigen Sachen bleiben bis zum nächsten Großeinkauf im Supermarkt auf der Liste stehen. So muss ich nicht erst im ganzen Haus herumlaufen, um zu sehen, was fehlt, bevor ich einkaufen gehe.

Geburtstagslisten

Alle sind immer erstaunt, dass ich an sämtliche Geburtstage und Jubiläen denke. Dabei ist es ganz einfach: Wenn jemand ein Datum erwähnt, notiert man es sich im Computer oder im Handy-Kalender. Viel einfacher als früher das Filofax!

Adressen und Telefonnummern

Ich habe kürzlich aus Versehen sowohl mein Handy als auch die SIM-Card ruiniert, und es hat eine Ewigkeit gedauert, bis ich wieder alle Telefonnummern eingegeben hatte. Zum Glück waren die meisten auf meinem Computer, und die, die fehlten, hatte mein Mann. Ich kann Ihnen nur raten, alle Kontaktdaten auf zwei Listen auszudrucken – wenn die Technik versagt oder Sie eine der Listen verlieren, kostet es nicht gleich auch noch die Freundschaft!

Verabredungen

Da man das Datum einer Verabredung leicht vergisst oder verwechselt, sollte man sich den Termin notieren. Einmal waren wir mit einem anderen Paar abends bei Nachbarn eingeladen. Allerdings wurden wir für verschiedene Tage eingeladen, weil unsere Gastgeberin ihren Terminkalender nicht zur Hand hatte, als sie das zweite Paar einlud. Wenn ich nicht zufällig mit dem anderen Paar gesprochen hätte, hätte die arme Frau an zwei Abenden Gäste gehabt.

To-Do-Listen

Dies mag allzu simpel klingen, aber die einzige Möglichkeit, den Tag, die Woche, das Leben zu organisieren, besteht darin, dass man eine klare Vorstellung von dem hat, was man machen muss oder will. Sie können dies entweder mental tun, indem Sie die Liste im Kopf haben, oder manuell, indem sie alle Punkte aufschreiben. Ich bevorzuge die schriftliche Form, denn dann kann ich Prioritäten setzen. Das heißt natürlich nicht, dass ich nie abgelenkt werde – aber wenn ich eine Vorstellung davon habe, was ich erledigen muss und wie viel Zeit mir zur Verfügung steht, lasse ich mich nicht so leicht ablenken.

Mode

Keine Panik

Kaufen Sie niemals Kleidung ein, wenn Sie gestresst oder in Eile sind. Dann kaufen Sie nämlich höchstwahrscheinlich etwas, das Sie kein zweites Mal anziehen werden. Falls es sich um einen speziellen Anlass handelt, haben Sie vermutlich schon etwas Passendes im Kleiderschrank. Machen Sie sich bitte keine Sorgen, falls Sie dieses Kleidungsstück schon einmal bei den gleichen Leuten getragen haben. Die werden sich gar nicht daran erinnern, und falls doch, was macht es schon? Wenn es Ihnen gut steht, sollten Sie sich einfach nur wohl darin fühlen.

Die Garderobe modernisieren

Selbst wenn man Einkaufstouren hasst, kauft man sich doch gerne ab und zu etwas Neues. Wenn Sie es klug anstellen, können Sie Ihre Garderobe aufwerten, ohne sich jedes Jahr komplett neu einkleiden zu müssen. Hier ein paar praktische Tipps:

* Laufen Sie nicht jedem neuen Trend nach. Der Tulpenrock, nach dem Sie jetzt verrückt sind, wird vermutlich ebenso von der Bildfläche verschwinden wie der Ballonrock der 1980er-Jahre. Modedesigner denken sich jede Saison neue Schnitte aus, um die Kundinnen zum Kauf zu animieren.
* Halten Sie sich an eher klassische Schnitte, hochwertiges Material und perfekte Verarbeitung, dann sehen Sie immer gut aus und haben Ihr Geld gut angelegt. Falls Ihnen eine bestimmte Jacke zu langweilig wird, nähen Sie einfach neue Knöpfe an.
* Eine andere Möglichkeit wäre, dass Sie einen hübschen Spitzen- oder Brokatbesatz kaufen oder einen alten Pullover mit einem bunten Band aufpeppen, das Sie durch die Maschen fädeln, oder ein Klei-

dungsstück einfach mal anders tragen: Vielleicht passt ja ein Gürtel zur Jacke? Tragen Sie Ihre Hosen zur Abwechslung mit einem Gürtel, der aus einer langen Perlenkette besteht. Oder denken Sie über neue Kombinationen von Einzelteilen nach.

Secondhandläden, deren Erlös wohltätigen Zwecken dient

Karitative Secondhandläden, vor allem dann, wenn sie in wohlhabenden Gegenden liegen, sind eine wahre Fundgrube. Hier kann man wundervolle Sachen entdecken. Viele Menschen sehen sich nun mal an ihrer Kleidung satt, oder sie werden dicker oder dünner. Manchmal kommt es auch vor, dass die Familie den Kleiderschrank eines verstorbenen Angehörigen ausräumen muss. Und so kann man in karitativen Secondhandläden, wenn man sich etwas Zeit nimmt, sehr günstige Angebote finden.

Kleidung pflegen

Es hat keinen Sinn, sich ein schönes Kleid zu kaufen und es dann beim Ausziehen achtlos auf den Boden zu werfen, wo es zerknittert liegen bleibt. Das tut keinem Kleidungsstück gut.

Wenn Sie sich am Abend ausziehen, schauen Sie sich das Kleidungsstück genau an – hat es Flecken oder kleine Risse? Falls Sie welche finden, sollten Sie sich entweder sofort darum kümmern oder – was vermutlich praktischer ist – das Kleidungsstück ordentlich zusammenfalten und erst einmal wegräumen. Es sollte aber so bald wie möglich gewaschen, gereinigt oder geflickt werden.

Lose Knöpfe gehen gern verloren, deshalb sollte man sie bis zum Annähen mit Klebeband fixieren. Ein praktischer Tipp, damit Knöpfe länger halten: Etwas farblosen Nagellack auf den Faden auftragen, der den Knopf hält, und trocknen lassen. Nun ist der Faden verstärkt – und der Knopf wird hoffentlich so lange halten wie das Kleidungsstück selbst!

Auch saubere Kleidung sollte man am Ende der Saison waschen, bevor man sie bis zum nächsten Jahr wegpackt. Dies schützt vor Befall mit Motten und anderen Insekten. Bügeln wäre in diesem Fall reine Zeitverschwendung – bügeln Sie die Kleidungsstücke lieber dann, wenn Sie sie wieder hervorholen.

Sich schön machen

Manche Frauen tun es ganz automatisch, andere brauchen ein bisschen Unterstützung – aber jede Frau kann das Beste aus ihrem Typ machen, ganz egal, über welches Budget sie verfügt.

Es macht mich wütend, wenn ich lese, was Frauen in verschiedenen Lebensaltern tragen »sollten«. Vergessen Sie die »Alte, die auf jugendlich macht« – schauen Sie sich lieber mal genau im Spiegel an. Natürlich wollen Sie sich als Großmutter nicht wie ein Teenager kleiden, selbst wenn Sie noch die Figur dazu hätten; aber Sie müssen auch nicht gleich wie *Ihre* Großmutter aussehen. Mit zunehmendem Alter werden Sie merken, dass man eher etwas mehr bedecken sollte als zu wenig, um weiterhin attraktiv zu wirken. Nackte Beine, tiefe Dekolletés und ärmellose Kleider sollten Sie im Alter lieber vermeiden. Es sei denn, Menschen Ihres Vertrauens – Freundinnen/Familienangehörige/Partner – versichern Ihnen, dass es noch ohne Weiteres geht. Dann darf man diese Regel in Ausnahmefällen brechen.

Bei der Wahl Ihrer Kleidung sollten Sie Ihre vorteilhaften Seiten unterstreichen. Jede Frau hat ihre vorteilhaften Seiten, auch wenn wir uns alle für zu dick, zu dünn, zu groß oder zu klein halten. Wenn Sie unsicher sind, was Ihnen wirklich steht, finden Sie in Büchern und Zeitschriften viele Informationen darüber, was Ihrem Typ und Ihrer Figur am ehesten entspricht. Sie können sich auch an eine gute Freundin, Ihre Mutter, Ihre Schwestern oder sogar an Ihre Töchter wenden (aber natürlich nur, wenn Sie glauben, dass die betreffende Person ein gutes Stilempfinden hat).

Make-up- und Beauty-Tipps

Es kann wunderschön sein, von der eigenen Mutter oder Großmutter Schminktipps zu lernen. Die meisten Mädchen schauen der Mutter ja schon als kleine Kinder beim Schminken zu. Hier ein paar Tipps, die Sie an die nächste Generation weitergeben können:

Eine gute Grundlage

Nein, hier ist keine Grundierungscreme gemeint – die beste Grundlage ist ein gesunder, strahlender Teint. Um die beste Voraussetzung fürs Make-up zu schaffen, sollten Sie sehr viel Wasser trinken, sehr viel Obst und Gemüse essen und täglich an die frische Luft gehen.

Vorher und nachher

Es ist sehr wichtig, dass Ihre Haut vor dem Make-up-Auftrag sauber und gut durchfeuchtet ist, sonst lässt sich das Make-up nicht gleichmäßig verteilen. Noch wichtiger ist, dass Sie Ihr Gesicht abends gründlich reinigen und waschen, um auch die letzten Spuren von Make-up zu entfernen. Sonst verstopfen die Poren, und es entstehen Pickel. Nicht restlos entferntes Augen-Make-up kann zu Infektionen führen.

Die Entweder-oder-Regel

Make-up soll Ihre Gesichtszüge hervorheben, nicht verstecken, weshalb eine zeitlos gültige Regel lautet: entweder die Augen betonen oder die Lippen, nie beides gleichzeitig. Wenn Sie also ein kräftiges Augen-Make-up tragen, halten Sie Ihre Lippenfarbe neutral, und wenn Sie einen leuchtenden Lippenstift tragen, verzichten Sie auf Augen-Make-up.

Make-up länger haltbar machen

Wenn Sie die Haltbarkeitsdauer Ihres Make-ups verlängern wollen, bietet sich der Kühlschrank an. Auch Lippenstift und Nagellack halten sich wesentlich länger, wenn man sie im Kühlschrank aufbewahrt. Es ist ratsam, diese Kosmetika in einem verschließbaren Plastikbehälter oder -beutel zu verstauen, damit sie nicht mit Lebensmitteln in Berührung kommen.

Manche Kosmetika sollten allerdings regelmäßig ersetzt werden. Um Augeninfektionen zu vermeiden, sollten Sie Mascara und flüssigen Eyeliner alle drei Monate ersetzen. Da manche Foundation-Cremes mit der Zeit verklumpen, sollten sie etwa alle sechs Monate ausgetauscht werden.

Den ganz persönlichen Duft finden

Die Wahl eines Parfüms ist eine sehr persönliche Angelegenheit. Zum einen fühlen wir uns von den verschiedensten Düften angezogen, zum anderen kann ein Duft an zwei verschiedenen Personen völlig anders wirken, je nachdem, wie die Haut chemisch mit dem Parfüm reagiert. Auch kann es sein, dass Sie einen Duft, den Sie als Teenager phantastisch fanden, als Erwachsene geradezu abstoßend finden. Gehen Sie in eine Parfümerie oder in die Parfümabteilung eines Kaufhauses und nehmen Sie sich sehr viel Zeit zum Schnüffeln, bevor Sie Ihre Entscheidung treffen. In den meisten Läden bekommen Sie Papierstreifen, auf die Sie das Parfüm aufsprühen können, damit Sie nicht nach hundert verschiedenen Düften riechen.

Natürliche Schönheit

Wenn Sie lieber natürliche Schönheitsprodukte verwenden wollen, gibt es reichlich Auswahl – nach Zutaten brauchen Sie sich nur in Ihrer Küche umzusehen!

* Zu den Kräutern, die gegen Kopfschuppen helfen, zählen Hamamelisrinde, Salbei und Rosmarin.
* Gönnen Sie sich ab und zu ein Schönheits-Kräuterbad – um trockene, juckende Haut zu beruhigen sollten Sie eine Tasse Beinwellöl und Frauenmantelextrakt hinzufügen (zu gleichen Teilen); für ein beruhigendes Bad am Ende des Tages mischen Sie Kamillen-, Baldrian- und Schlüsselblumenextrakt.
* Um eine reinere Haut zu bekommen und Pickel zu beseitigen, fügen Sie dem Waschwasser morgens und abends etwas Hamamelisextrakt hinzu. Sie erhalten ihn in der Apotheke.

KRÄUTERSHAMPOO

Zur Herstellung Ihres eigenen Kräutershampoos hier einige Mischungen für verschiedene Haarfarben:

Sie brauchen:

* 30 g Kräuter (Kamille für blondes Haar; Ingwer oder roten Hibiskus für rotes Haar; Salbei oder Himbeerblätter für braunes Haar)
* 15 g Nesseln (enthält Nährstoffe, die das Haarwachstum anregen)
* 300 ml Wasser
* 30 g Olivenölseife, gerieben
* Eine leere 300-ml-Flasche oder einen sonstigen Behälter

Wasser zum Kochen bringen, Kräuter und Nesseln hinzufügen und umrühren. Topf vom Herd nehmen und am besten über Nacht stehen lassen (falls Sie unter Zeitdruck sind, so viele Stunden wie eben möglich). Am Morgen Kräuter abseihen, das restliche Wasser wieder in den Kochtopf zurückgießen und auf kleiner Flamme erhitzen. Die Seifenflocken einrühren, bis sie ganz mit der Mischung verschmolzen sind. Topf vom Herd nehmen und abkühlen lassen, bevor man den Inhalt in die Flasche füllt. Jetzt kann das Shampoo verwendet werden. Bitte nicht länger als sechs bis acht Wochen aufbewahren.

Selbst gemachte Geschenke

Ich finde selbst gemachte Geschenke viel persönlicher als gekaufte. Man kann seine Talente und Fähigkeiten auf vielerlei Weise einbringen. Aber es kostet natürlich Zeit.

Stricken und Nähen

Wenn Sie gut nähen können, bereiten Sie mit einem individuellen Kleidungsstück sicherlich große Freude. Das Gleiche gilt für ein selbst genähtes Stofftier oder allerlei kreative Accessoires, die man sowohl Kindern als auch Erwachsenen schenken kann.

KLEIDUNG

Wenn Sie den Geschmack der betreffenden Person kennen, können Sie ihr ein Kleidungsstück schenken, aber bitte nicht den typischen Strickpullover, der schon von Weitem »selbst gemacht« aussieht – der Schrecken eines jeden Weihnachtsgabentischs! Strickmuster gibt es im Kaufhaus in der Kurzwarenabteilung, und eine riesige Auswahl findet man auch im Internet.

SPIELZEUG

Natürlich müssen Sie überlegen, welches Spielzeug sich für das beschenkte Kind vom Alter her eignet, aus Sicherheitsgründen und überhaupt – ein Kind, das erst einen Monat alt ist, sollte sich ja kein wollenes Stofftier in den Mund stecken. Klassische Spielsachen wie Teddys oder Puppen kommen *nie* aus der Mode und bedeuten dem Kind hoffentlich auch dann noch etwas, wenn der neueste Spielzeug-»Hit« längst wieder aus den Kaufhausregalen verschwunden ist. Auch Anleitungen für Stofftiere und Puppen findet man in Strickzeitschriften und im Internet.

ACCESSOIRES

Wenn der Winter kommt, liegt man mit einem dicken Wollschal, einer Strickmütze oder Handschuhen immer richtig. Wenn Sie besonders gut nähen oder stricken können oder handwerklich begabt sind, gibt es noch viele andere hübsche Dinge, mit denen Sie Freude bereiten können – Handtaschen, Geldbeutel, Decken, Töpferwaren, Schmuck usw.

Hier ein Geschenk, das schnell angefertigt ist und sich perfekt für Mädchen jeden Alters eignet – ein Blumenhaarschmuck.

Sie brauchen:

* Nadel und Faden
* Eine Kunstblume (in der Kurzwarenabteilung)
* Eine schlichte Haarspange oder ein Haarband
* Eventuell zusätzlich: Glitter, Bänder, Pailletten etc.

So einfach dieser Haarschmuck herzustellen ist, so groß wird die Freude bei der Empfängerin sein. Schneiden Sie einfach den Stängel der Plastikblume ab. Dann nehmen Sie Nadel und Faden zur Hand (einen starken Faden) und nähen die Blume mit ein paar Stichen auf der Haarspange oder dem Haarband fest – fertig! Wenn Sie wollen, können Sie jetzt noch die anderen Deko-Materialien anbringen – vielleicht ein paar Bänder annähen, die von der Blume herabhängen, oder Pailletten oder Glitzersteinchen draufkleben, damit die Spange besonders schön glänzt. Und dann packen Sie Ihr Geschenk liebevoll ein!

Kochen und backen

Kochen und Backen kostet ziemlich viel Zeit, wenn man große Mengen zubereitet. Darum sollten Sie überlegen, wo Sie all die Leckereien aufbewahren, bis Sie sie einpacken und an die Beschenkten verteilen. Falls im Kühlschrank nicht genügend Platz ist, empfiehlt sich Gebäck, das man in luftdichten Behältern bei Zimmertemperatur aufbewahren kann. Hier ein paar tolle Ideen, die kleine und große Leckermäuler erfreuen:

CUPCAKES – TASSENKUCHEN

Mit den Enkelkindern Cupcakes zu backen ist kreativ und macht richtig Spaß – und das Ergebnis sind Küchlein, die genau die richtige Größe für kleine Finger haben.

Für 18 Cupcakes brauchen Sie:
* 225 g Weizenmehl
* 275 g Streuzucker
* 1 EL Backpulver
* ½ TL Salz
* 110 g festes Pflanzenfett oder Butter
* 240 ml Milch
* 1 TL Vanille-Extrakt
* 2 große Eier, gequirlt

1. Heizen Sie den Ofen auf 180 °C vor (Gas Stufe 4). Legen Sie kleine Törtchen- oder Muffin-Formen mit Papierförmchen aus.
2. In einer großen Schüssel Mehl, Zucker, Backpulver und Salz mischen. Pflanzenfett oder Butter, Milch und Vanille-Extrakt hinzufügen. Mit dem elektrischen Handmixer auf mittlerer Stufe etwa 1 Minute lang schlagen. Mit Teigschaber den inneren Rand der Schüssel abschaben, damit auch wirklich alles in die Masse eingearbeitet wird.
3. Eier hinzufügen. Nochmals 1 Minute auf mittlerer Stufe quirlen. Wieder den Schüsselrand abschaben,

dann noch einmal 1–2 Minuten quirlen, diesmal auf der höchsten Stufe, bis alles gut vermischt ist. Teig löffelweise in die mit Papier ausgelegten Backformen geben – Form jeweils zu zwei Dritteln füllen.

4. Auf mittlerer Backofenschiene 20–25 Minuten backen. Wenn Sie nun einen Zahnstocher in die Mitte eines Tassenkuchens stechen und beim Herausziehen kein Teig mehr daran kleben bleibt, sind die Kuchen fertig.
5. Aus dem Ofen holen. 5 Minuten abkühlen lassen, dann die Tassenkuchen einzeln auf einen Gitterrost setzen und ganz abkühlen lassen.
6. Nach dem Erkalten nach Belieben glasieren oder dekorieren – Ihrer Phantasie (und der Phantasie der Kinder) sind keine Grenzen gesetzt.

GROSSMUTTERS SCHOKOKÜCHLEIN

Kekse mit Schokolade sind bei Kindern sehr beliebt. Aber eigentlich kann man bei diesen köstlichen, bekömmlichen, saftigen Plätzchen gar nicht mehr von »Keksen« sprechen – eher von Schokoküchlein. Sie sind so leicht und schnell zuzubereiten, dass man sie gut mit den Enkelkindern backen kann.

Für circa 40 Schokoküchlein brauchen Sie:

* 125 g Haferflocken
* 110 g Butter (Zimmertemperatur)
* 110 g Streuzucker

* 110 g hellbraunen Zucker
* 1 großes Ei
* 1 EL Vanille-Extrakt
* 110 g Weizenmehl, gesiebt
* ½ TL Backpulver
* ½ TL Natron
* ¼ TL Salz
* 75 g geraspelte Bitterschokolade
* 75 g geraspelte Vollmilchschokolade
* 75 g geraspelte weiße Schokolade
* 50 g gehackte Pekannüsse

1. Ofen auf 190°C vorheizen (Gas Stufe 5). Haferflocken in die Küchenmaschine geben und etwa 1 Minute zerkleinern.
2. Butter und beide Zuckersorten in eine große Schüssel geben und mit dem elektrischen Handmixer glatt schlagen. Dann Ei und Vanille-Extrakt untermischen.
3. In einer anderen Schüssel die zerkleinerten Haferflocken mit Mehl, Backpulver, Natron und Salz mischen. Langsam in die Buttermischung einrühren, dann die geraspelte Schokolade und die Pekannüsse untermischen.
4. Backblech *nicht* einfetten. Den Teig esslöffelweise aufs Backblech setzen, zwischen den Häufchen genügend Platz lassen, da sie aufgehen.
5. Goldbraun backen, etwa 10 Minuten lang. Aus dem Ofen nehmen. Jetzt sind die Küchlein noch etwas weich. Deshalb erst einmal fünf Minuten auf dem

Backblech abkühlen lassen, dann auf ein Backgitter geben und weiter abkühlen lassen.
6. In luftdichtem Behältnis aufbewahren.

FONDANT

Eignet sich wunderbar zum Verschenken – Sie können den Fondant mit Lebensmittelfarbe einfärben und verschiedene Formen daraus herstellen, die man zum Beispiel auch mit Schoko-Kuvertüre verzieren kann.

Sie brauchen:
* 500 g Puderzucker
* 3 EL Zitronensaft
* 2 EL Wasser
* 60–70 g Fett (Pflanzenfett)

1. Das Pflanzenfett in einen Topf geben und bei geringer Hitze mit Zitronensaft und 2 El Wasser schmelzen lassen.
2. Einen Teil des Puderzuckers (275 g) hineinsieben, aufkochen lassen und glatt rühren.
3. Topf vom Herd nehmen.
4. Den restlichen Puderzucker einrühren.
5. Den Fondant auf einer mit Puderzucker bestäubten Arbeitsfläche so lange kneten, bis er kalt ist. Beim Abkühlen bekommt er seine feste, seidige Beschaffenheit.
6. Nach Belieben mit Lebensmittelfarbe einfärben.

Wenn Sie den Fondant in Zellophanpapier einwickeln, bleibt er weich.

RUMKUGELN

Ein sehr leckeres Geschenk für fast alle Gelegenheiten. Wenn Sie diese Pralinen Kindern schenken wollen, lassen Sie einfach den Alkohol weg.

Für ca. 575 Gramm brauchen Sie:

* 200 g Vollkornkekse, zerkrümelt
* 110 g Puderzucker
* 110 g fein gehackte Pekannüsse oder Walnüsse
* 50 g Kakaopulver
* 3 EL hellen Zuckerrübensirup
* 1 EL Vanille-, Kaffee-, Schoko-, Mandel- oder Rumaroma
* 4 EL Brühkaffee, Kaffeelikör oder dunklen Rum
* Puderzucker, Kakaopulver oder Schokostreusel als Überzug

1. In einer großen Schüssel alle Zutaten gut mischen (bis auf die Zutaten für den Überzug). 2,5 cm große Kugeln formen und in Puderzucker, Kakaopulver oder Schokostreusel tauchen.
2. In Petit-Fours-Papierförmchen geben und in luftdichtem Behältnis aufbewahren. Ich stelle meine Rumkugeln immer in den Kühlschrank.

Geschenke verpacken

AUF DIE VERPACKUNG KOMMT ES AN!

Ein Geschenk preiswert zu verpacken, heißt nicht, dass man auf Ästhetik verzichten sollte. Es hat keinen Sinn, ein wunderbares Geschenk zu kaufen, wenn man es dann in einer schmucklosen Tüte oder schlampigen Verpackung überreicht. Den wenigsten von uns fällt das Geschenkeverpacken leicht, darum hier ein paar praktische Tipps:

1. Zunächst einmal brauchen Sie genügend Platz und genügend Geschenkpapier – falls das Geschenk eine sperrige, ungewöhnliche Form hat, sollten Sie es erst in eine Schachtel geben und dann die Schachtel einwickeln. Sonst wird das Verpacken zum Albtraum.
2. Legen Sie ein paar Streifen Tesafilm bereit, damit Sie während des Einpackens nicht mit Schere und Tesafilmrolle herumhantieren müssen.
3. Legen Sie nun Ihr Geschenk in die Mitte des Papierbogens und klappen Sie eine Seite des Bogens hoch, bis er das Geschenk zur Hälfte bedeckt. Mithilfe eines Briefbeschwerers fixieren.
4. Jetzt die andere Seite des Papierbogens hochklappen, bis sie die erste Hälfte des Bogens überlappt. Briefbeschwerer entfernen, das Papier aber weiter mit dem Finger festhalten, bis Sie einen Klebestreifen angebracht haben.

5. Nun kommen wir zu den Seiten, an denen das Geschenkpapier noch übersteht. Oberen Teil so herunterfalten, dass seitlich zwei »Flügel« entstehen. Wenn diese Flügel nun gegen das Geschenk gepresst werden, entsteht auf unserer Arbeitsfläche ein Dreieck. Dieses Dreieck hochklappen und mit einem Stück Tesa befestigen.
6. Wiederholen Sie dies auf der anderen Seite des Geschenks. Jetzt ist es hübsch und ordentlich verpackt!

DAS GESCHENKPAPIER

Wie viel Geld investieren Sie jährlich in Geschenkpapier? Da ich im Lauf des Jahres einen ganzen Haufen Geschenke verpacken muss, habe ich früher ein Vermögen für Papier ausgegeben. Deshalb habe ich mich nach einer preiswerteren, kreativeren Verpackungsmethode umgesehen. In einem Laden bekam ich sehr günstig einen Riesenposten braunes Packpapier. Es hielt ungefähr zehn Jahre lang. Wie gesagt, es war ein Riesenposten! Jetzt braucht man nur noch hübsches Geschenkband zu kaufen – lieber in der Kurzwarenabteilung als in der Papeterie. Geschenkanhänger bekommt man im Januar günstig in karitativen Secondhandshops, sie kosten dann nur noch die Hälfte oder noch weniger.

SCHACHTELN

Wenn Sie es einfach nicht schaffen, ein Geschenk zu verpacken, gibt es durchaus Alternativen – Sie können das Geschenk zum Beispiel in eine Pralinenschachtel legen. Bekleben Sie die Schachtel aber mit hübschem Papier, damit es nicht so auffällt!

RECYCLING

Wenn Sie Ihre Weihnachts- oder Geburtstagsgeschenke ausgepackt haben, werfen Sie das Papier bitte nicht weg! Falls Sie die Verpackungen nicht achtlos aufgerissen haben und das Papier nicht zu sehr beschädigt wurde, können Sie es ohne Weiteres wiederverwenden. Achten Sie nur darauf, dass das Papier später nicht wieder bei der Person landet, die es Ihnen geschenkt hat!

Um Antwort wird gebeten (U. A. w. g.)

Wenn Sie jemanden zu einer Party einladen, wollen Sie doch bestimmt, dass die betreffende Person Bescheid gibt, ob sie kommt, nicht wahr? Tja, jetzt sitze ich schon wieder auf dem hohen Ross … Aus irgendeinem Grund geben viele Leute nämlich *nicht* Bescheid.

Eine Freundin lud mich einmal zu einer Dinnerparty ein, und ich erklärte mich bereit, für das Dessert zu sorgen. Meine Freundin sagte: »Ich weiß nicht, ob zehn oder achtzehn Leute kommen werden.« Welche Mengen soll man da kochen? So viel, dass es für die maximale Anzahl von Gästen reicht, würde ich sagen. Wenn auf einer Einladung aber die Telefonnummer oder E-Mail-Adresse angegeben ist und man trotzdem nicht antwortet, kann man eigentlich nicht erwarten, dass für einen mitgekocht wird. Dass man auf eine Einladung reagieren sollte, sagt einem nicht nur die Vernunft – es gehört sich auch!

Die goldene Regel

Was du nicht willst, das man dir tu, das füg auch keinem anderen zu.

In Grunde heißt dies, dass man seinen Mitmenschen mit dem gleichen freundlichen Interesse begegnen soll, mit dem man selbst gern behandelt werden möchte. Also, schenken Sie Ihren Freunden, Ihrer Familie, Ihren Nachbarn, ja sogar Fremden Ihre Zeit, begegnen Sie Menschen in Not hilfsbereit und freundlich – wer weiß, wann Sie selbst einmal in eine Lage kommen werden, in der Sie dies nötig haben und sich darüber freuen?

Dank

Ich danke all den Menschen, die mich bei der Arbeit an diesem Buch unterstützt haben – meinen Kindern und Enkelkindern, meinen Eltern, meiner Schwester, Verwandten und Freunden, deren Erfahrungen hier zitiert werden. Dank auch Louise Dixon vom Michael O'Mara Verlag, die mir überhaupt erst den Auftrag für dieses Buch erteilte; und meiner Lektorin, Hannah Knowles, die mich ermutigend begleitet hat; und schließlich meinem wundervollen Mann John, der alles, was ich in dieses Buch hineingenommen habe, wieder und wieder lesen und sich anhören musste.

Register